事例から学ぶ

幅広い障害種に対応！

小・中学校 特別支援教育 サポートブック

編著 大山 卓・高村 葉子
著 木村 豊・榊原 暢広
　　早野 正・松川 博茂
　　山上 裕司

愛知県豊田市
特別支援教育アドバイザーによる **指導・支援事例集**

ジアース教育新社

はじめに

　インクルーシブ教育の推進に伴い、小・中学校での特別支援教育に関する課題は多様化・複雑化してきており、特別支援学級担任や通級による指導担当者の専門性向上とサポート体制の整備が欠かせません。特別支援学校のセンター的機能による地域支援活動をはじめ、各自治体でも小・中学校の特別支援教育をサポートするための様々なシステム作りが進められています。愛知県豊田市では、特別支援学校の管理職OBによる「特別支援教育アドバイザー」を5名配置し、市内の103校ある小・中学校の特別支援学級担任、通級による指導担当者、通常の学級担任などへのサポートを実施しています。この5名が各学校からの相談依頼に基づいて、特別支援学校5領域障害をはじめ学習障害や言語障害、情緒障害など幅広い障害種の相談に対応し、継続的なサポートを実施しています。他市では類を見ない手厚いサポートシステムであると自負しております。

　小・中学校の特別支援学級担任や通級による指導担当者、発達障害の子供たちを担任する通常の学級担任、特別支援教育コーディネーターをはじめ、特別支援学校のセンター的機能担当者や市町村教育委員会担当者まで幅広く特別支援教育の専門性向上への一助となることを願い、本書を上梓いたしました。第Ⅰ章では、小・中学校における特別支援教育の現状と課題を取り上げました。通常の学級、特別支援学級、通級による指導など多様な学びの場の概要や外国ルーツ、不登校、医療的ケアなど特別な配慮の必要な子供たちについて基礎的事項が学べます。第Ⅱ章では、愛知県豊田市の特別支援教育を支えている特別支援教育アドバイザーとブロックサポート体制を取り上げ、効果的なサポートシステムを紹介しました。第Ⅲ章では、豊田市の特別支援教育アドバイザーによるサポート事例を取り上げました。実際のサポート事例を通して、多様な障害種（弱視、難聴、知的障害、肢体不自由、病弱・身体虚弱、言語障害、自閉症・情緒障害、学習障害）の理解と効果的な支援方法が学べます。第Ⅳ章では、これからの特別支援教育における専門性向上とサポートシステムを取り上げました。特別支援教育コーディネーターの役割と特別支援教育を担う教員の専門性向上のためのスクールカウンセラー、スクールソーシャルワーカーなど校内専門職や外部専門機関との連携協働が学べます。さらに、小・中学校の先生に身に付けていただきたい特別支援教育の基礎的事項や事例で紹介した関連事項について、コラムとして解説を掲載いたしました。特に、小・中学校の特別支援学級を担当する先生方にとっ

て本書が日々の実践を支える一助になることと思います。

　筆頭編著者は、これまで「小・中学校の特別支援教教育に携わる教員へのサポートに関する研究」を進めてきました。小・中学校の特別支援教育を充実させ、専門性を向上するためには担任をサポートするための外部機関や専門機関との連携が欠かせません。本書では、今後の小・中学校におけるチーム学校としての特別支援教育に携わる教員へのサポートの展望を示しました。小・中学校で特別支援教育を担当する先生方にとって、すぐに役立つ入門書となることを願っております。

　本書の出版にあたりまして、事例をご提供いただきました、愛知県豊田市の小・中学校に在籍するお子様とそのご家族及びご担当の先生、さらに本書の出版をご承認いただきました愛知県豊田市教育委員会の先生方に深く感謝申し上げます。また、本書の企画から編集・発行までお世話になりました、ジアース教育新社の加藤勝博代表取締役社長、編集をご担当いただきました西村聡子様に厚く、お礼申し上げます。

　令和7年3月

編著者　大山　卓

高村　葉子

目 次
contents

はじめに

第 I 章　小・中学校特別支援教育の現状と課題

1　小・中学校通常の学級の現状と課題　　10

（1）通常の学級に在籍する児童生徒の障害の多様化・複雑化　　10
（2）みんなにわかりやすい授業づくり　―ユニバーサルデザイン授業―　　11
（3）小・中学校での学習支援（個別最適化）　―RTI モデルの視点から―　　12
　コラム1　発達障害　　14
　コラム2　ユニバーサルデザインとバリアフリー　　15
　コラム3　インクルーシブ教育システムにおける多様な学びの場と就学先決定の流れ　　17

2　小・中学校特別支援学級の現状と課題　　20

（1）特別支援学級に在籍する児童生徒の増加と教師の専門性　　20
（2）外部専門機関による特別支援学級へのサポート　　21
（3）特別支援学級への校内サポートシステム　　22
　コラム4　小・中学校特別支援学級の教育課程　　23
　コラム5　小・中学校特別支援学級の学級編成　　24
　コラム6　自立活動　　25
　コラム7　特別支援学校のセンター的機能　　26
　コラム8　特別支援教育コーディネーターの役割　　27

3　小・中学校「通級による指導」の現状と課題　　29

（1）「通級による指導」を利用する児童生徒の増加　　29
（2）「通級による指導」の指導内容　　29
　コラム9　「通級による指導」の教育課程　　30

4　その他特別な配慮の必要な児童生徒　　32

（1）外国ルーツの子供への日本語指導　　32

(2) 不登校、登校しぶりの子供への支援（学びの多様化学校、特定分野に 35
特異な才能のある子供への支援）
(3) 医療的ケア児の理解 35
コラム10 日本語の習得に困難のある子供への通級による指導 37

第 II 章 | 愛知県豊田市の特別支援教育と サポートシステム

1 愛知県豊田市の特別支援教育の特徴 40

(1) 愛知県豊田市の特別支援学級の現状 40
(2) 豊田市青少年相談センター（愛称：パルクとよた）の概要 40
(3) 関係機関との連携による支援の充実 42
(4) ブロックサポート体制の整備 42

2 愛知県豊田市の特別支援教育アドバイザーの役割 43

(1) 特殊教育から特別支援教育へ 43
(2) 小・中学校への訪問相談 45
(3) 特別支援教育アドバイザーによる相談のストロングポイント 46
(4) 訪問相談を受けた先生方の声 47
コラム11 愛知県豊田市こども発達センターの役割 48

第 III 章 | 障害の理解と支援
―特別支援教育アドバイザーのサポート事例から―

1 弱視の子供の理解と支援 52

事例1-1 小学校特別支援学級（弱視）に在籍するAさんへの支援 52
コラム12 視覚障害（弱視）の児童生徒への配慮 59

2 難聴の子供の理解と支援 61

事例2-1 小学校特別支援学級（難聴）に在籍するBさんへの支援 61
コラム13 聴覚障害（難聴）の児童生徒の理解と指導・支援の基礎 66

5

3 知的障害の子供の理解と支援　　　68

事例3-1 小学校特別支援学級（知的障がい）に在籍するCさんへの支援　　68
- **コラム14** 知的障害の児童生徒の理解－知的機能の遅れと適応行動の困難さ－　74
- **コラム15** 知的機能－知能指数IQ：Intelligence Quotient－　75
- **コラム16** 知的障害の手帳　76
- **コラム17** 発達に遅れのある児童生徒への性の対応　77
- **コラム18** 豊田市の学級運営補助指導員の職務　78

4 肢体不自由の子供の理解と支援　　　79

事例4-1 中学校特別支援学級（肢体不自由）に在籍するDさんと中学校への自立活動の支援　　79

事例4-2 複数の児童がいる小学校特別支援学級（肢体不自由）に在籍する重度な知的な遅れがあるEさんと学校への支援　　84

事例4-3 小学校特別支援学級（肢体不自由）に在籍するFさんと学校への自立活動の支援　　88

事例4-4 小学校通常の学級に在籍する肢体不自由のGさんと学校への支援　　92
- **コラム19** 肢体不自由の児童生徒への教育　96
- **コラム20** 肢体不自由教育における自立活動の理念　97
- **コラム21** 肢体不自由の児童生徒に対する機器・器具の設定　98
- **コラム22** 肢体不自由の児童生徒に対する進路の相談　99
- **コラム23** 動作訓練、動作法について　100

5 病弱・身体虚弱の子供の理解と支援　　　105

事例5-1 小学校特別支援学級（病弱・身体虚弱）に在籍する重度な知的な遅れのあるHさんと担任への自立活動の支援　　105
- **コラム24** 病弱・身体虚弱の児童生徒への教育　109

6 言語障害の子供の理解と支援　　　111

事例6-1 小学校特別支援学級（自閉症・情緒障がい）に在籍するIさんへの言語支援　　111
- **コラム25** 言語障害の児童生徒の理解　118
- **コラム26** 発音指導の心構え　119

7 自閉症・情緒障害の子供の理解と支援　　　120

事例7-1 小学校通常の学級に在籍する集団が苦手なJさんと担任への支援　　120
- **コラム27** 後片付けができない子供への支援グッズ　126
- **コラム28** 自閉症・情緒障害の児童生徒の理解　127

| 事例7-2 | 小学校特別支援学級（自閉症・情緒障がい）に在籍する落ち着きのないKさんと担任への支援 | 128 |

| コラム29 | 応用行動分析ABA（Applied Behavior Analysis） | 136 |

| 事例7-3 | 小学校特別支援学級（自閉症・情緒障がい）に在籍するLさんへの自立活動の支援 | 138 |

| コラム30 | 注意欠陥多動性障害の理解と支援 | 142 |

| コラム01 | TEACCHプログラム、構造化 | 143 |

8 学習障害の子供の理解と支援　145

| 事例8-1 | 通常の学級に在籍する読み書きの苦手なMさんと中学校への支援 | 145 |

| コラム32 | 合理的配慮の引き継ぎ | 152 |

| 事例8-2 | 通常の学級に在籍する読み書きが苦手なNさんと中学校への支援 | 153 |

| コラム33 | 学習障害の児童生徒の理解と支援 | 161 |

| コラム34 | マルチメディアデイジー教科書 | 162 |

第IV章　これからの特別支援教育における専門性向上とサポートシステム

1 特別支援教育を担う教員の専門性
―特別支援学級担当教員に着目して―　164

2 小・中学校の特別支援教育コーディネーターによる担任サポート　166

3 校内専門職（スクールカウンセラー・スクールソーシャルワーカー）との連携協働　167

4 外部専門機関による連携協働　168

| コラム35 | 障害者権利条約を踏まえた障害の医療モデル・社会モデル | 169 |

| コラム36 | 障害のある子供が利用できる福祉サービス | 170 |

| コラム37 | 障害のある子供の進路・就労 | 171 |

執筆者紹介

7

第 I 章

小・中学校
特別支援教育の
現状と課題

2007年に特別支援教育が始まり、小・中学校では、発達障害や知的障害など配慮の必要な児童生徒への支援が飛躍的に進んできています。一方、インクルーシブ教育の推進により、小・中学校に在籍する障害のある子供たちの増加と障害の種類が多岐に渡るとともに、障害の程度も重度化している傾向にあり、小・中学校の先生が指導で苦労されている現状です。
　この章では、小・中学校の通常の学級、特別支援学級、通級による指導などに着目し、それぞれの学びの場における特別支援教育の現状や課題について考えていきます。

1　小・中学校通常の学級の現状と課題

（1）通常の学級に在籍する児童生徒の障害の多様化・複雑化

　小・中学校の通常の学級では発達障害の子供の増加が顕著です。2022年の文部科学省の調査によると、発達障害が想定される児童生徒は約8.8％在籍している現状が示されています（**図1**）。同様の調査が10年前に行われていますが、その際の結果は約6.5％でした。この10年間で2.3％増加しており、発達障害の子供への対応が学校での高い関心事となっています。特に最近では、グレーゾーンと言われる診断のない子供も増加してきています。さらに、インクルーシブ教育の流れを踏まえて、軽度知的障害の子供や知的ボーダーゾーンと言われる境界知能の子供など発達に課題のある子供の増加が顕著な現状で

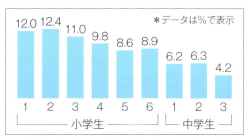

図1　小・中学校で発達障害の可能性のある児童生徒割合
出典：文部科学省HP「通常の学級に在籍する特別な教育的支援を必要とする児童生徒に関する調査結果（令和4年）について」を元に作成

す。この他にも日本語指導が必要となる外国にルーツのある子供や登校しぶりの子供も増加しています。さらに、発達障害と重なる場合が少なくありませんが、特定分野に特異な才能のある子供（いわゆる「ギフテッド」と呼ばれる子供たち）も増加しており、特別支援教育の視点による学級経営力や多様性を包容した集団での授業力が小・中学校の通常の学級担任に求められています。

(2) みんなにわかりやすい授業づくり —ユニバーサルデザイン授業—

このように小・中学校の通常の学級では、発達障害の子供をはじめ、多様な子供たちが在籍しており、「みんなにわかりやすい授業づくり」－いわゆるユニバーサルデザイン授業（UD授業）－の実践が求められています。ユニバーサルデザイン授業は「特別な支援が必要な子を含めて、通常学級におけるすべ

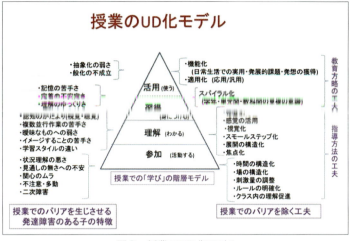

図2　授業のUD化モデル
出典：みんなの教育技術HPより引用

ての子が楽しく学び合い『わかる・できる・探求する』ことを目指す授業デザイン」（日本授業UD学会HP）です。特に決まった指導法はありませんが、①参加（活動する）、②理解（わかる）、③習得（身につける）、④活用（使う）、の4段階の指導が重要であると言われています（図2）。特に、①参加と②理解を促すためには、目で見てわかりやすく示す「視覚化」（図3）や学習課題を明確化する「焦点化」（図4）、学習指導要領でも示されている協働的な学びである他者との意見の「共有化」（図5）の3つの視点が重要です。その指導にあたっては、特別支援教育における視覚支援や構造化などが大きなヒントになると考えられます。発達障害の子供は刺激に反応しやすい傾向があり、刺激調整を行ったり、聴覚情報に加えて視覚的手がかりを工夫したりする支援が重要です。また、「協働的な学習」としては、子供同士における学習過程の共有機会の設定、「個別最適な学習」では、タブレットやパソコンなどのICT機器を活用した授業づくりが欠かせません。これらを踏まえて、通常の学級では、誰もがわかりやすい授業を進めていくことが求められます。特別支援教育の対象となる子供に着目して、わかりやすい授業や環境を考えること（ユニバー

図3　視覚化例

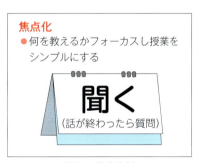

図4　焦点化例

図5　共有化例

サルデザイン授業の実践）が、学級全体の授業のわかりやすさにつながっていきます。まずは、配慮が必要な子供がわかるための支援を考えてみましょう。通常の学級には、発達障害だけでなく、外国ルーツの子供や境界知能の子供など、多様な子供たちが在籍しています。配慮が必要な子供への支援は、学級全体の子供たちにとってもわかりやすい支援になるはずです。一つ一つの支援の積み重ねが、学級全体の授業をわかりやすくしていきます。小学校の低学年を中心に授業をわかりやすくする教師の姿勢が求められています。そのためには特別支援教育の指導方法・支援方法から学ぶことがたくさんあると考えられます。

（3）小・中学校での学習支援（個別最適化）― RTIモデルの視点から―

授業全体をわかりやすくすることは、教師にとって大切な姿勢ですが、授業のユニバーサルデザイン化をしても、全員の子供がわかる授業には限界があります。特に、小学校の低学年など発達段階に差が出やすい年齢層では、わかりやすい授業を進めても全体授業だけでは十分習得できない子供たちも一定数存在する

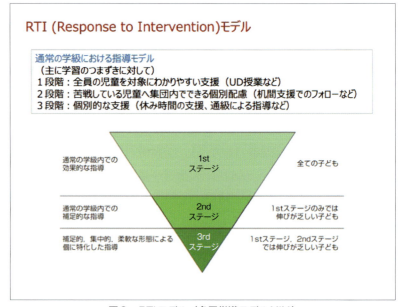

図6　RTIモデル（多層指導モデルMIM）
出典：「多層指導モデルMIM読みのアセスメント・指導パッケージガイドブック」（学研教育みらい）より引用・一部加筆・修正

ことが予想されます。そのため通常の学級における全体の授業では、境界知能の子供や軽度知的障害の子供たちなどに対して、何らか個別での対応が必要になってきます。

　現在、特別支援教育では、RTI（Response to Intervention）モデルという考え方が主流となってきています。小・中学校における通常の学級での指導モデルは、**図6**のように3つのステージから考えることができます。まず、1stステージでは、全員の児童生徒を対象として、わかりやすい授業づくりを実践します。ここでは、ユニバーサルデザイン授業の工夫が重要です。しかし、授業が十分理解できない子供が何人かは出てくるため、2ndステージとして全体授業の中での個の支援が必要となります。教師の全体での説明だけでは十分理解できていない子供に対しては、授業内に行う机間支援の中で特に重

点的な指導を行ったり、ティーム・ティーチングの授業や支援員が配置されている場合は、授業内でできる範囲の個別的な支援を行ったりします。しかし、それでも理解できない児童生徒も少なからず存在してきます。これが３rdステージです。これらの児童生徒については、全体場面以外に個の指導が必要となり、放課後や昼休みなどに担任などが個別に補充的な指導を試みたり、通級の指導が適当であれば、その対応を検討したりします。この３つのステージで子供の学力を保証していく考え方がRTIモデルです。さらに児童生徒の実態によっては特別支援学級の入級も一つの選択肢となってきます。このように協働的な学習と個別最適な学習を組み合わせた授業の進め方が重要ですが、担任一人では限界もあります。そのため、担任ができる限界を理解した上で、積極的に支援員やボランティア指導員の導入と多様な学びの場である、通級による指導や特別支援学級をも視野に入れた学校全体での対応の検討・工夫が欠かせません。

(大山　卓)

参考文献・引用文献

文部科学省HP「通常の学級に在籍する特別な教育的支援を必要とする児童生徒に関する調査結果（令和４年）について」https://www.mext.go.jp/b_menu/houdou/2022/1421569_00005.htm（閲覧日：2024年12月17日）

日本授業UD学会ＨＰ「授業UDとは」https://www.udjapan.org/UDQA.html（閲覧日：2024年12月17日）

みんなの教育技術HP　https://kyoiku.sho.jp/1948841（閲覧日：2024年12月17日）

海津亜希子（2010）「多層指導モデル MIM『読みのアセスメント・指導パッケージ』つまずきのある読みを流暢な読みへ」学研教育みらい

山元薫（2020）「みんなが楽しい！　みんながわかる！　みんなができる！　ユニバーサルデザインの考え方を生かした学校づくり・学級づくり・授業づくり」ジアース教育新社

コラム 1 発達障害

　発達障害の概念が社会全体で広がり、最近では大人になってから診断される方も増えています。ここでは学校教育における発達障害を取り上げます。発達障害は、発達期において診断される、発達の全般的な遅れや部分的な遅れ・偏りによる障害であり、中枢神経系に何らかの機能障害があるものを示します。脳内の働きや発達の偏りと考えていただくとわかりやすいと思います。外見だけでわかりにくいので理解されにくい障害です。発達障害者支援法では、発達障害は「自閉症、アスペルガー症候群その他の広汎性発達障害、学習障害、注意欠陥多動性障害その他これに類する脳機能の障害であってその症状が通常低年齢において発現するものとして政令で定めるものをいう。」と規定されています。つまり、自閉症（自閉スペクトラム症ASD：Autism Spectrum Disorder）と注意欠陥多動性障害（注意欠如多動症ADHD：Attention Deficit Hyperactivity Disorder）、学習障害（限局性学習症LD：Learning Disability、Learning Disorder）の3つとなります。広くは知的障害や脳性まひなども含めた発達期における障害ですが、現在の学校教育では、発達障害者支援法に規定されている主にこの3つの障害を発達障害と位置付けています。なお、括弧内の表記は、現在の医療機関で使われる診断名で、こちらの表記がニュースや新聞などでは一般的になってきています。

　自閉症ASDの主な特徴としては、①対人関係や社会性の困難、②コミュニケーションの困難、③こだわり・想像力の困難、④認知・感覚の特異性、があげられます。なお以前、知的な遅れのない自閉症は、高機能自閉症やアスペルガー症候群などと診断されていました。また、自閉症と明確に診断されないケースでは、広汎性発達障害PDD（Pervasive Developmental Disorders）などとも診断されていました。しかし、現在はこれらを含めて自閉スペクトラム症ASDとして診断されています。自閉症の上記特性は連続しており、自閉症と定型発達（自閉症者に対する健常者についてこのような呼び方をします）の境目がないため、スペクトラムという表現になっています。自閉症の支援の基本としては、わかりやすい環境調整やコミュニケーション支援、社会性スキルの支援などがあげられます。

　注意欠陥多動性障害ADHDの特徴としては、①不注意（活動に集中できない・気が散りやすい・物をなくしやすい・順序だてて活動に取り組めないなど）、②「多動 - 衝動性（じっとしていられない・静かに遊べない・待つことが苦手で他人のじゃまをしてしまうなど）があげられます。家庭や学校で注意や叱責を受けることが多いため、二次障害（自己肯定感低下に伴うパニックや自傷行為などの行動障害）にならないような配慮が必要です。そのため、できたこと、良い点を褒めていく支援が重要です。また、刺激に反応しや

すいため、刺激統制などの環境調整も重要です。薬物による対応もありますが、多動の激しい子供に対して、授業に落ち着いて参加することが目的です。治療のための服薬ではありません。また、薬が効く場合と効かない場合があり、副作用が出る場合もあります。あくまでも保護者と主治医が服薬を判断しますので、教員が服薬について安易な提案はしないように気をつけましょう。

学習障害LDは、「全般的に知的発達に遅れはないが、①聞く、②話す、③読む、④書く、⑤計算する又は⑥推論するといった学習に必要な基礎的な能力のうち一つないし複数の特定の能力についてなかなか習得できなかったり、うまく発揮することができなかったりすることによって、学習上、様々な困難に直面している状態をいう」と定義されています（文部科学省，2022）。中でも、読み書きの苦手さを示す子供が多く、「発達性読み書き障害」や「発達性ディスレクシア」などとも呼ばれます。読みの苦手さの背景には、①視覚認知力（文字を見分ける力、文字の構成がわかる力）、②音韻認識・操作力（文字と音の対応がわかる力）、③語彙力（まとまりで捉える力）、④自動化能力（文章がすらすら読める力）、⑤運筆力（手指操作力）があげられます。中でも書字障害では、発達性協調運動障害DCD（Developmental Coordination Disorder）と言われる手指の不器用さなどが関連している場合もあります。

以上が発達障害の概要です。この概念以外にも、見え方に課題のあるアーレンシンドロームや音声による処理が苦手な聴覚情報処理障害APD（Auditory Processing Disorder）、繊細な感受性があるHSC（Highly Sensitive Child）などの近辺概念も出てきていますが、これらはあくまでも医療診断名とは異なる概念です。発達障害と重なる場合もあるので、安易な判断には注意をしましょう。

（大山　卓）

参考文献・引用文献

厚生労働省HP「発達障害者支援施策」https://www.mhlw.go.jp/stf/seisakunitsuite/bunya/hukushi_kaigo/shougaishahukushi/hattatsu/index.html （閲覧日：2024年12月17日）

文部科学省（2022）「障害のある子供の教育支援の手引〜子供たち一人一人の教育的ニーズを踏まえた学びの充実に向けて〜」ジアース教育新社

コラム 2　ユニバーサルデザインとバリアフリー

共生社会に向けた取り組みやインクルーシブ教育が推進されており、発達障害の子供をはじめ、障害のある子供が小・中学校の通常の学級で学ぶことが増えてきています。ま

た、特別支援学級の子供が通常の学級で交流及び共同学習を実施することも推進されています。小・中学校では、障害のある子供や外国ルーツの子供など多様な子供が在籍するため、みんながわかりやすい「ユニバーサルデザイン授業」が進められています。もともと、「ユニバーサルデザイン」は、「全ての人のためのデザイン」を意味し、年齢や障害の有無などにかかわらず、できるだけ多くの人が利用可能であるデザインを示します。ユニバーサルデザインには、**図7**に示す7つの原則があります。一方、「バリアフリー」は、「人を隔てたり、行動を妨げたりする障壁（バリア）を除去した状態」を示します。例えば、足の不自由な方が歩きやすいように段差をなくすことです。「バリアフリー」と「ユニバーサルデザイン」の違いは、例えば、建物にエレベーターやエスカレーターをつけることが「バリアフリー」に該当し、エレベーターやエスカレーター、階段をそれぞれ平等、公平に利用できるよう（どこにあるのかわかりやすく）にすることが「ユニバーサルデザイン」となります。学校における特別支援教育として、個の苦手さに着目（個別支援）するのがバリアフリーで、全体の過ごしやすさや使いやすさに着目（全体への支援）したものがユニバーサルデザインと考えるとわかりやすいと思います（**図8**）。

（大山　卓）

公平性	使う人がだれであろうと、公平に操作できること できるかぎり、すべての人が、いつでもどこでも、同じように使いこなすことができる
自由度	使用するときの自由度が高いこと たとえば、右ききの人でも、左ききの人でも、思いどおりに使える
カンタン	使い方がとっても簡単であること ひと目見ただけでも、すぐに使い方が理解できるわかりやすい作り
明確さ	わかりやすい情報で理解しやすいこと 使う人の知りたいことが、わかりやすくていねいに説明されている
安全性	使うときに安全、安心であること うっかりミスで、まちがった使用をしても、できるかぎり危険につながらない
持続性	使用中からだへの負担が少ない、少ない力でも使用ができること 長い時間使っても、どんなかっこうで使用しても、疲れにくい
空間性	だれにでも使える大きさ、広さがあること 使う人の大きさや、姿勢、動きに関係なく、ラクに使いこなすことができる

図7　ユニバーサルデザイン7原則
出典：KOKUYO HP「ユニバーサルデザイン『ロン・メイスの7原則』」より引用

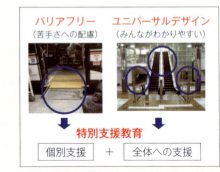

図8　特別支援教育とバリアフリー・ユニバーサルデザイン

参考文献・引用文献

KOKUYO HP「ユニバーサルデザイン『ロン・メイスの7原則』」https://www.kokuyo.co.jp/creative/ud/aboutud/mace.html（閲覧日：2024年12月17日）

コラム3 インクルーシブ教育システムにおける多様な学びの場と就学先決定の流れ

　インクルーシブ教育とは、全ての子供の多様なニーズに対応できるように、全ての子供を包容する教育のことを示します。つまり、障害者の方が積極的に参加・貢献していくことができ、誰もが相互に人格と個性を尊重し支え合い、人々の多様な在り方を相互に認め合える全員参加型の社会「共生社会」の実現を目指す教育です。一方、日本におけるインクルーシブ教育システム（inclusive education system：包容する教育制度）は、可能な限り障害のある児童生徒と障害のない児童生徒が共に教育を受けられるよう配慮しつつ、単に同じ場で学ぶだけでなく、教育的ニーズに即して十分な教育が受けられるような柔軟なシステムで、

> 1　障害のある子供を教育制度一般から排除しない。
> 2　居住する地域での初等中等教育の機会が与えられる。
> 3　個人に必要な合理的配慮が提供されること。
> 4　同じ場で共に学ぶことを追求するとともに、個別の教育的ニーズのある幼児児童生徒に対して、自立と社会参加を見据えて、その時点で教育的ニーズに最も的確に応える指導を提供できる、多様で柔軟な仕組み（多様な学びの場）を整備すること。
> 5　交流及び共同学習の推進

などの特徴があげられます。
　多様で柔軟な仕組みである義務教育段階における「多様な学びの場」としては、「小・中学校通常の学級」「小・中学校通級による指導」「小・中学校特別支援学級」「特別支援学校」があげられます。個々のニーズや実態に応じて、最大限子供の可能性を引き出せる教育の場が提供される形になっています。これらの「多様な学びの場」については、本人や保護者のニーズや意向を踏まえて決定することができる就学システムになっています（図9）。インクルーシブ教育の推進を踏まえ、就学相談や就学先決定のあり方としては、

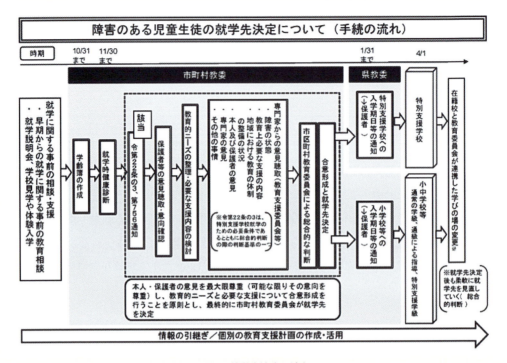

図9　就学先決定の流れ
出典：文部科学省HP「小・中学校等への就学について」より引用

> 1　本人・保護者の意見を最大限尊重し、教育的ニーズと必要な支援の合意形成を行う。早期からの情報提供が重要。
> 2　障害の状態・本人の教育的ニーズを踏まえ総合的な観点から、市町村教育委員会が最終決定する。
> 3　早期の就学のための教育相談を実施し、特別支援学校の就学目安となる学校教育法施行令第22条の3（**表1**）を参考にしながらも、本人・保護者のニーズや意見を最大限尊重し、市町村教育委員会が就学先を指定する。

　これら3点があげられます。現在はインクルーシブ教育を踏まえた就学になっていることを理解しておきましょう。障害の程度によって就学先が決められることはありません。**表1**に示した学校教育法施行令第22条の3では特別支援学校就学にあたっての障害の程度が示されています。これはあくまで目安として示されていることを理解しておきましょう。障害のある子供を持つ保護者が早い時期から就学先の候補となる学校を見学・体験し、学校との就学相談を重ねていけるような機会を設定することが重要です。学校は教育の現状などの情報提供を行い、就学後の支援（合理的配慮など）についての建設的な話し合いを重ねていき、保護者と学校で合意形成をしていくことが重要です。

表1　学校教育法施行令第22条の3　特別支援学校就学目安

区　　分	障害の程度
視覚障害者	両眼の視力がおおむね〇・三未満のもの又は視力以外の視機能障害が高度のもののうち、拡大鏡等の使用によつても通常の文字、図形等の視覚による認識が不可能又は著しく困難な程度のもの
聴覚障害者	両耳の聴力レベルがおおむね六〇デシベル以上のもののうち、補聴器等の使用によつても通常の話声を解することが不可能又は著しく困難な程度のもの
知的障害者	一　知的発達の遅滞があり、他人との意思疎通が困難で日常生活を営むのに頻繁に援助を必要とする程度のもの 二　知的発達の遅滞の程度が前号に掲げる程度に達しないもののうち、社会生活への適応が著しく困難なもの
肢体不自由者	一　肢体不自由の状態が補装具の使用によつても歩行、筆記等日常生活における基本的な動作が不可能又は困難な程度のもの 二　肢体不自由の状態が前号に掲げる程度に達しないもののうち、常時の医学的観察指導を必要とする程度のもの
病弱者	一　慢性の呼吸器疾患、腎臓疾患及び神経疾患、悪性新生物その他の疾患の状態が継続して医療又は生活規制を必要とする程度のもの 二　身体虚弱の状態が継続して生活規制を必要とする程度のもの

備考
一　視力の測定は、万国式試視力表によるものとし、屈折異常があるものについては、矯正視力によつて測定する。
二　聴力の測定は、日本産業規格によるオージオメータによる。

出典：文部科学省HP「通常の学級に在籍する学校教育法施行令第22条の3の障害の程度に該当する児童生徒の現状について（令和4年12月）」より引用

（大山　卓）

参考文献・引用文献

文部科学省HP「小・中学校等への就学について　5.障害のある子供の就学先決定について」https://www.mext.go.jp/a_menu/shotou/shugaku/detail/1422234.htm（閲覧日：2024年12月17日）

文部科学省HP「通常の学級に在籍する学校教育法施行令第22条の3の障害の程度に該当する児童生徒の現状について（令和4年12月）」
https://www.mext.go.jp/content/20221227-mxt_tokubetu02-000026808_5.pdf（閲覧日：2024年12月17日）

2　小・中学校特別支援学級の現状と課題

(1) 特別支援学級に在籍する児童生徒の増加と教師の専門性

　次に、小・中学校特別支援学級の現状と課題を取り上げます。まず、小・中学校特別支援学級の在籍数の増加があげられます。平成24年度全国の小・中学校特別支援学級在籍者数は164,428人でしたが、令和4年度には353,438人となり、10年間で2倍以上の増加を示しています（文部科学省，2024）。さらに、平成24年度全国の小・中学校特別支援学級数は、47,643学級でしたが、令和4年度には76,720学級数となり、約1.6倍の増加を示しています。在籍人数の増加に伴い、小・中学校では学級数や担任する教員数も大幅に増加しています。初めて特別支援学級を担当する教員が大幅に増加し、特別支援学級を担当する教員の専門性の確保が大きな課題となっています。

図10　特別支援学校における特別支援学校教諭免許状保有率推移
出典：文部科学省HP「特別支援教育資料（令和4年度）」より引用

　特別支援学級を担当する教員の専門性を図る指標として、特別支援学校教諭免許状の所持率があげられます。特別支援学校に勤務する教員の免許所持率は年々増加しており、令和4年度には約87％まで所持率が向上してきています（図10）。一方、小・中学校における特別支援学校教育免許状の所持率は約3割程度であり、この10年で大きな変化は見られません（表2）。小・中学校の特別支援学級を担当する教員の内、特別支援学級を長年に渡って担当する一定数の教員も存在しますが、通常の学級を担任していた教員が校内人事異動で特別支援学級の担当となり、一定年数経ったら通常の学級担任へと担当が変わるケースが多いようです。数年で担当が変わる教員が多いため、特別支援学校教諭免許状

表2　小・中学校の特別支援学級における特別支援学校教諭免許状保有率推移

	平成18年度	平成19年度	平成20年度	平成21年度	平成22年度	平成23年度	平成24年度	平成25年度	平成26年度	平成27年度	平成28年度	平成29年度	平成30年度	令和元年度	令和2年度	令和3年度	令和4年度
小 学 校	32.7%	34.2%	33.8%	33.3%	33.0%	32.8%	32.8%	32.4%	32.4%	32.8%	32.6%	32.2%	32.3%	32.3%	32.6%	32.4%	32.4%
中 学 校	26.4%	28.6%	28.0%	27.9%	27.4%	27.0%	26.8%	26.5%	26.4%	26.3%	27.0%	27.3%	27.4%	27.6%	27.8%	28.1%	27.8%
合 計	30.8%	32.4%	32.0%	31.6%	31.3%	31.0%	30.9%	30.5%	30.5%	30.7%	30.9%	30.7%	30.8%	30.9%	31.2%	31.1%	31.0%

出典：文部科学省HP「特別支援教育資料（令和4年度）」より引用

の取得をしない教員が多い現状です。特別支援学級担任の入れ替わりが多くなり、特別支援学級担任の専門性の確保が課題としてあげられます。

　各市町村教育委員会はこれらの教員を対象とした研修会を開催したり、特別支援学級初心者向けのマニュアルを作成したりするなどのサポートを実施しています。しかし、文部科学省は、教職キャリア形成の観点から今後全ての教員が一度は特別支援学級の担当を経験することを推奨しており、今よりも更に短い期間での特別支援学級担任が交代となることも予想されます。また、特別支援学級を担当する教員の内、正規でない教員が担当する割合も高い現状となっています。このような状況下において、特別支援学級担任の専門性をどのように担保するのかが課題となります。

　このように小・中学校特別支援学級を担任する教員の専門性向上が課題ですが、現在の小・中学校の特別支援学級の構造的な枠組みの中で、多様化する障害種全てに小・中学校の教員だけで対応するのは難しい現状にあります。そこで次に、小・中学校の教員を支えるシステムや社会資源（リソース）に着目してみます。

（2）外部専門機関による特別支援学級へのサポート

　小・中学校の特別支援学級を担当する教員は、元々特別支援教育の専門性を兼ね備えているわけでなく、担当後に実践を踏まえながら研修などで学んでいくことが多い現状です。また、経験の浅い教員が担当となる可能性が大きいため、小・中学校特別支援学級を担当する教員の専門性向上のためのサポート体制の構築が重要です。障害のある子供の実態は子供一人一人様々です。幅広い障害種に対応できる指導力を育てるためには、身近に助言を受けることができる専門家の存在が重要となってきます。現在、小・中学校をサポートする外部機関として、特別支援学校のセンター的機能や医療・福祉の相談機関、自治体による専門家のコンサルテーション事業などがあげられます。特に弱視や難聴、肢体不自由などの子供を小・中学校で初めて担任する場合は、担当初年度は外部専門家による支援が欠かせません。近隣の特別支援学校などと連携し、担当初年度は学校への訪問を依頼し、子供の様子を踏まえた専門家からの助言を受けられるようなサポート体制を工夫することが望ましいと考えられます。愛知県豊田市の特別支援教育アドバイザーのようなサポート体制を整備している自治体も増えてきました。このような手厚いシステムがなくても、特別支援学校のセンター的機能や教育委員会の教育センターなどの相談事業を積極的

に利用していきましょう。

（3）特別支援学級への校内サポートシステム

　先に述べた通り、特別支援学級担任へのサポートは重要ですが、担任個人の力量向上だけに留まらず、学校全体での特別支援教育力の向上が重要です。小・中学校では特別支援学級の担当教員の入れ替わりが激しく、外部専門機関のサポートを受けても、その助言内容が次年度や他の教員へと引き継がれていかないことが課題としてあげられています。外部専門機関からの助言を担任だけへの支援に留めず、学校全体の知として継続していくことが重要です。そのためには、小・中学校における特別支援教育の専門性を備えた校内教員の育成にも目を向けていく必要があります。例えば、特別支援学級を一定年数担当し、特別支援教育の専門性を兼ね備えた教員が特別支援教育コーディネーターとなり、学校全体の特別支援教育のアドバイザー的役割を果たすなどの工夫があげられます。現在、特別支援教育コーディネーターは、特別支援学級担任が指名されているケースが多いようですが、学級担任が担うことでの業務量増による多忙化や職務の限界もあります。教頭や教務主任、校務主任などの主任が指名される自治体や学校もあり、管理職が担うことで外部機関との連携がスムーズになるメリットもあげられます。一方で、特別支援学級担任を経験していない管理職が多く、専門性向上の視点からは校内教員サポートの役割が十分機能していない場合が少なくありません。可能であれば、長年特別支援学級を担任してきた教員を特別支援教育コーディネーターとして指名し、初めて特別支援学級を担任する教員や学校全体の特別支援教育の専門性向上の役割を担うことも重要であると考えられます。

（大山　卓）

参考文献・引用文献

文部科学省 HP「特別支援教育資料（令和 4 年度）」https://www.mext.go.jp/a_menu/shotou/tokubetu/material/1406456_00011.htm（閲覧日：2024 年 12 月 17 日）

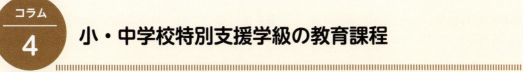

小・中学校特別支援学級の教育課程

　小・中学校の特別支援学級は、「知的障害者、肢体不自由者、身体虚弱者、弱視者、難聴者、その他障害のある者で、特別支援学級において教育を行うことが適当なものである児童を対象とする学級」（学校教育法第81条第2項）と規定されています。さらに学校教育法や学校教育法施行規則、文部科学省通知などにより、「知的障害者、肢体不自由者、病弱者及び身体虚弱者、弱視者、難聴者、言語障害者、自閉症・情緒障害者」を対象とした学級設置が可能となっています。

　学校教育法施行規則第138条に、「小学校若しくは中学校又は中等教育学校の前期課程における特別支援学級に係る教育課程については、特に必要がある場合は、…（中略）…特別の教育課程によることができる」と定められており、特別支援学級では弾力的な教育課程編成が可能となります。さらに学習指導要領「特別支援学級における教育課程」には、次の記載があります。

> イ　特別支援学級において実施する特別の教育課程については、次のとおり編成するものとする。
> 　（ア）障害による学習上又は生活上の困難を克服し自立を図るため、特別支援学校小学部・中学部学習指導要領第7章に示す①自立活動を取り入れること
> 　（イ）児童の障害の程度や学級の実態等を考慮の上、②各教科の目標や内容を下学年の教科の目標や内容に替えたり、③各教科を、知的障害者である児童に対する教育を行う特別支援学校の各教科に替えたりするなどして、実態に応じた教育課程を編成すること。

　つまり、小・中学校の特別支援学級では、大きく次の3つの教育課程の編成が可能となります。

> ・通常の教育課程：小・中学校の各教科等＋自立活動
> ・下学年教育課程：小・中学校各教科等（下学年）＋自立活動
> ・知的障害の教育課程：特別支援学校（知的障害）の各教科等＋自立活動

　特別支援学級においても教科学習などについては通常の学級と同様の学習が可能である場合は、小・中学校学習指導要領に準じて目標や内容を扱いますが、自立活動の指導は欠かせません。また、小・中学校で下学年の学習内容を扱う場合も同様に自立活動の指導が

必要となります。さらに知的障害のある児童生徒については、特別支援学校学習指導要領（知的障害）をもとに教育課程を編成することも認められています。その場合は、小・中学校学習指導要領ではなく、特別支援学校学習指導要領（知的障害）の各教科等を参考に、柔軟な教育課程を編成することが可能です。これは、「知的代替教育課程」と呼ばれています。その際には、日常生活の指導や生活単元学習、遊びの指導、作業学習など、各教科等を合わせて指導することが可能となります。もちろん自立活動の指導は欠かせません。

　このように、特別支援学級では、対象となる児童の障害の種類や程度によっては、障害のない児童に対する教育課程をそのまま適用することが必ずしも適当でない場合があるため柔軟な教育課程編成が可能となりますが、あくまでも小学校・中学校の学級の一つであり、学校教育法に定める小学校・中学校の目的及び目標を達成するものでなければならないことに留意しましょう。

（大山　卓）

参考文献・引用文献

文部科学省HP「特別支援学級及び通級指導に関する規定」https://www.mext.go.jp/b_menu/shingi/chousa/shotou/054/shiryo/attach/1285860.htm（閲覧日：2024年12月17日）
文部科学省（2017）「小・中学校学習指導要領（平成29年告示）解説　総則編」

コラム5　小・中学校特別支援学級の学級編成

　小・中学校の特別支援学級の学級編成など主な特徴は以下の通りです。まず、学級編成人数（1学級の定員）は、8人です。さらに特別支援学級では弾力的な教育課程が編成できますが、それに加えて、特別支援学級で留意すべき教育課程が示されています。まず、特別支援学級の児童生徒は全員「個別の教育支援計画」と「個別の指導計画」の作成をすることが学習指導要領に定められています。さらにインクルーシブ教育推進のために、交流学級（通常の学級）での学習をはじめ、障害のない子供たちと一緒に学ぶ交流及び共同学習の推進が求められています。ただし、文部科学省の通知で、「特別支援学級に在籍する児童生徒は原則として、週の半分以上を目安として特別支援学級において授業を受ける」ことが示されています。また、特別支援学級について、「特別の教育課程を編成する場合であって、文部科学大臣の検定を経た教科用図書を使用することが適当でない場合には、当該特別支援学級を置く学校の設置者の定めるところにより、他の適切な教科用図書

を使用することができる（学校教育法施行規則第139条）」ことも定められています。特別支援学校（知的障害）で使用されている文部科学省著作本（いわゆる☆本）や一般図書を教科用図書として給与することが認められています。

（大山　卓）

参考文献・引用文献

文部科学省HP「特別支援学級及び通級指導に関する規定」https://www.mext.go.jp/b_menu/shingi/chousa/shotou/054/shiryo/attach/1285860.htm（閲覧日：2024年12月17日）

コラム 6　自立活動

　小・中学校の特別の教育課程の要となるのが「自立活動」です。「自立活動」は特別支援学校学習指導要領に示されている特別支援教育での特徴的な指導領域です。小・中学校の特別支援学級や通級による指導においては、自立活動の指導が欠かせません。また通常の学級における発達障害などの子供に対しても特別支援学校の自立活動は支援の参考となります。自立活動の目標は、「個々の児童生徒又は自立を目指し、障害による学習上又は生活上の困難を主体的に改善・克服するために必要な知識、技能、態度及び習慣を養い、もって心身の調和的発達の基盤を培う」とされています。障害のある子供は得意な面や不得意な面などアンバランスな特性があり、そのままでは学習がうまく成立しません。そこで、自立活動の視点からベースとなる部分にアプローチして調和的な基盤を培っていきます。扱う内容は、次の6区分27項目で示されています（**図11**）。この6区分27項目は、①生活で必要な要素、②障害による困難さの要素から必要な内容を分類して配列したものです。したがって、小・中学校学習指導要領のように全ての内容を扱うものではありません。自立活動は6区分27項目に分類されている内容の中から、子供の実態に応じて指導内容を選択して指導するものです。一人一人の子供の実態によって異なります。したがって、この6区分27項目による実態把握が重要となります。小・中学校の特別支援学級や通級による指導においては、自立活動の指導をすることが課されており、特別支援学校学習指導要領解説（自立活動編）を参考に、一人一人に応じた教育実践が求められています。また、自立活動は「領域」に位置するもので特別活動と同様に「時間の指導」だけでなく、「学校教育活動全体での指導」が重要です。

（大山　卓）

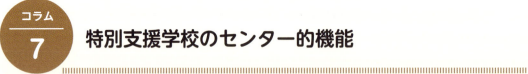

図11　自立活動の内容　6区分27項目一覧

参考文献・引用文献

文部科学省（2018）「特別支援学校教育要領・学習指導要領解説　自立活動編（幼稚部・小学部・中学部）」

コラム7　特別支援学校のセンター的機能

　特別支援教育が始まり、特別支援学校には新たな役割が規定されました。学校教育法第74条には、「特別支援学校においては第72条に規定する目的を実現するための教育を行うほか、幼稚園、小学校、中学校、義務教育学校、高等学校又は中等教育学校の要請に応じて、第81条第一項に規定する幼児、児童又は生徒の教育に関し必要な助言又は援助を行うよう努めるものとする」と規定されています。これが特別支援学校の「センター的機能」や「センターの役割」と言われるものです。文部科学省（特別支援教育の推進について（通知））においても、「特別支援学校においては、これまで蓄積してきた専門的な知識や技能を生かし、地域における特別支援教育のセンターとしての機能の充実を図ること」とされ、さらには、小・中学校学習指導要領や高等学校学習指導要領、特別支援学校学習

指導要領にもセンター的機能の積極的な活用が明記されています。

特別支援学校のセンター的機能の主な役割としては、

1　小・中学校等の教員への支援機能
2　特別支援教育等に関する相談・情報提供機能
3　障害のある幼児児童生徒への指導・支援機能
4　福祉、医療、労働などの関係機関等との連絡調整
5　小・中学校等の教員に対する研修協力機能
6　障害のある幼児児童生徒への施設設備等の提供機能

「特別支援教育を推進するための制度の在り方について（答申）」文部科学省

が示され、地域特性や学校事情に応じた取り組みが工夫されています。小・中学校の教員への支援機能が特に期待される役割であり、特別支援学校の教員がチームを組んで小・中学校などへの巡回相談を実施している自治体も少なくありません。小・中学校で障害のある児童生徒の指導で困っている場合は、特別支援学校の教員にサポートを求めることが可能です。積極的に利用したいシステムです。

(大山　卓)

参考文献・引用文献

文部科学省 HP「特別支援教育の現状（学びの種類と対象障害種）」https://www.mext.go.jp/a_menu/shotou/tokubetu/002.htm（閲覧日：2024 年 12 月 27 日）
文部科学省（2007）「特別支援教育の推進について（通知)」

コラム 8　特別支援教育コーディネーターの役割

特別支援教育コーディネーターは、保護者に対する学校の窓口として、また、学校内の関係者や福祉、医療などの関係機関との連絡調整の役割を担う者として位置付けられています。特に小・中学校では、学校内の関係者間の連携協力、特別支援学校などの教育機関、医療・福祉機関との連携協力の推進役としての役割が示されています。小・中学校の特別支援教育コーディネーターの多くは、障害について詳しい特別支援学級担任が指名されていることが多いようですが、教頭や教務主任、校務主任などが指名されている学校もあります。全国の公立の幼保連携型認定こども園・幼稚園・小学校・中学校・高等学校

における特別支援教育コーディネーターの配置率は99.4%であることが示されています（文部科学省，2017）。特別支援教育コーディネーターの役割としては、①学校内の関係者や関係機関との連絡調整、②各学級担任への支援、③巡回相談員や専門家チームとの連携、④学校内の児童等の実態把握と情報収集の推進、があげられます（文部科学省，2017）。特別支援教育コーディネーターは、先にあげた特別支援学校のセンター的機能の活用にあたっての連絡調整や校内サポート資源でもあるスクールカウンセラーやスクールソーシャルワーカーなどの活用調整においても中心的な役割を果たします。このような「窓口的役割」「連絡調整役」などのコーディネート的役割も重要ですが、上記②の障害のある子供を担当する校内の学級担任への支援も特別支援教育コーディネーターにとって重要な役割です。小・中学校で障害のある子供の指導・支援や保護者相談で困った際の特別支援教育コーディネーターに相談できる仕組みやそのための人材配置を工夫してみましょう。

（大山　卓）

参考文献・引用文献

文部科学省（2017）「平成27年度特別支援教育体制整備状況調査結果」

3 小・中学校「通級による指導」の現状と課題

(1)「通級による指導」を利用する児童生徒の増加

　次に、「多様な学びの場」の一つである「通級による指導」を取り上げます。特別支援教育が始まる少し前、平成14年度から「通級による指導」が制度化され、年々対象となる子供は増加してきています。令和3年度は、全国の小・中学校、高等学校で183,879人が通級による指導の対象となっています。平成23年度は、65,360人で、この10年で約2.8倍に増加しています（図12）。このように通常の学級に在籍しながら、一定の時間を通級指導教室で過ごす発達障害などの子供が増加している現状です。

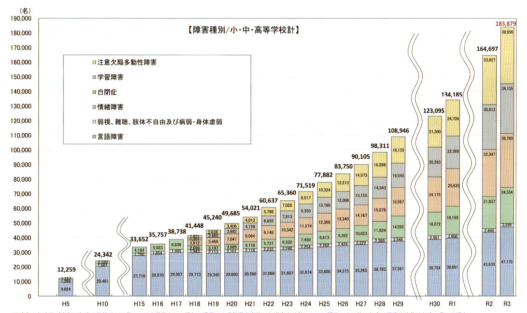

※令和2年度及び令和3年度の数値は、3月31日を基準とし、通年で通級による指導を実施した児童生徒数について調査。その他の年度の児童生徒数は年度5月1日現在。
※「注意欠陥多動性障害」及び「学習障害」は、平成18年度から通級による指導の対象として学校教育法施行規則に規定し、併せて「自閉症」も平成18年度から対象として明示（平成17年度以前は主に「情緒障害」の通級による指導の対象として対応）。
※平成30年度から、国立・私立学校を含めて調査。
※高等学校における通級による指導は平成30年度開始であることから、高等学校については平成30年度から計上。
※小学校には義務教育学校前期課程、中学校には義務教育学校後期課程及び中等教育学校前期課程、高等学校には中等教育学校後期課程を含める。

図12　小・中学校、高等学校における「通級による指導」対象者の推移
出典：文部科学省HP「特別支援教育資料（令和4年度）」より引用

(2)「通級による指導」の指導内容

　通級による指導を担当する教員は、小・中学校の免許を所持する校内人事で決められた教員です。必ずしも特別支援教育を専門的に学んできた教員ばかりではありません。対象児童生徒の急激な増加により、初めて通級による指導を担当する教員は増加しており、特別支援学級同様に専門性の向上が課題となっています。指導する内容は、児童生徒一人一人の実態や課題を踏まえた「自立活動」の指導となります。通級による指導の担当者が中

心となって授業内容が検討されていますが、個別の教育支援計画の作成は通常の学級担任が中心となって行うため、通常の学級担任との連携が重要となります。特に通常の学級での困難を明らかにして、通級による指導でどのような力を育成するのかを担当者間で共有することが欠かせません。しかし、通級による指導の担当者の経験が少ない場合もあり、授業内容や目標の妥当性が十分検討されているか、大きな課題となっています。文部科学省は「初めて通級による指導を担当する教師のためのガイド」を配付し、力量向上のための取り組みを行っていますが、特別支援学級以上に担当者をサポートするための研修や相談システムの構築が求められています。

（大山　卓）

参考文献・引用文献

文部科学省 HP「特別支援教育資料（令和 4 年度）」https://www.mext.go.jp/a_menu/shotou/tokubetu/material/1406456_00011.htm（閲覧日：2024 年 12 月 17 日）

コラム9　「通級による指導」の教育課程

　小・中学校学習指導要領解説（総則編）には、通級による指導は、「小学校（中学校）の通常の学級に在籍している障害のある児童（生徒）に対して、各教科等の大部分の授業を通常の学級で行いながら、一部の授業について当該児童（生徒）の障害に応じた特別の指導を特別の指導の場（通級指導教室）で行う教育形態である」と記載されています。担当する教員は、小・中学校に勤務する教員であり、学校内で通級による指導が受けられる自校通級と近隣の学校に児童生徒が赴いて実施する他校通級があります。現在は、担当する教員が複数の学校を巡回し、子供が在籍する学校で通級による指導が受けられる自校通級が増えてきています。ちなみに児童生徒 13 人に 1 名の担当教員が配置されています。通級による指導の対象は、学校教育法施行規則第 140 条に次のように規定されています。

　小学校若しくは中学校又は中等教育学校の前期課程において、次の各号のいずれかに該当する児童又は生徒（特別支援学級の児童及び生徒を除く。）のうち当該障害に応じた特別の指導を行う必要があるものを教育する場合には…（中略）…特別の教育課程によることができる。
　　1　言語障害者　2　自閉症者　3　情緒障害者　4　弱視者
　　5　難聴者　6　学習障害者　7　注意欠陥多動性障害者

8　その他障害のある者で、この条の規定により特別の教育課程による教育を行うことが適当なもの

　これに加えて文部科学省の通知では、肢体不自由者、病弱者及び身体虚弱者も対象となることが示されています。ただし、知的障害者は対象になっていないことに注意しましょう。知的障害の児童生徒は、通級による一定時間の指導ではなく、特別支援学級での全体的な指導が必要となるからです。障害のある児童に対して、通級による指導を行い、特別の教育課程を編成する場合には、特別支援学校小学部・中学部学習指導要領第7章に示す自立活動の内容を参考とし、具体的な目標や内容を定め、指導を行うことが定められています。対象となる児童生徒の授業時間数は、年間35単位時間から280単位時間まで（週1時間から週8時間）を標準としている他、学習障害者及び注意欠陥多動性障害者については、年間10単位時間から280単位時間までを標準としていることが示されています。他にも、個別の教育支援計画・個別の指導計画を必ず作成し、自立活動の視点での指導が求められており、各教科等と通級による指導との関連性や教師間の連携の重要性が示されています。

（大山　卓）

参考文献・引用文献

文部科学省HP「特別支援学級及び通級指導に関する規定」https://www.mext.go.jp/b_menu/shingi/chousa/shotou/054/shiryo/attach/1285860.htm（閲覧日：2024年12月17日）
文部科学省（2017）「小・中学校学習指導要領（平成29年告示）解説　総則編」

その他特別な配慮の必要な児童生徒

　小・中学校における特別に配慮が必要な児童生徒として、ここでは、外国ルーツの子供への日本語指導と不登校・登校しぶりの子供（学びの多様化学校や特定分野に特異な才能のある児童生徒）、医療的ケア児への支援について取り上げます。

(1) 外国ルーツの子供への日本語指導

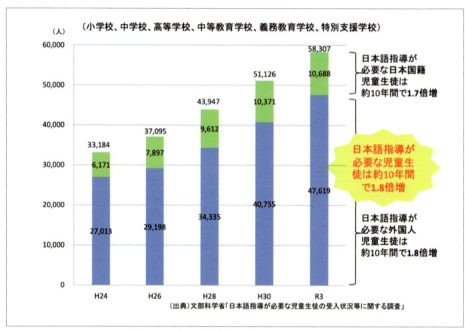

図13　日本語指導が必要な外国ルーツの子供
出典：文部科学省HP「日本語指導が必要な児童生徒の受入状況等に関する調査（令和３年度）の結果（速報）について」より引用

　海外からの帰国児童生徒や外国籍児童生徒、その他外国にルーツのある子供たちの在籍者数が年々増加しています。特に日本語指導が必要な外国ルーツの子供（外国籍・日本国籍計）は、令和３年度全国の国公立学校に58,307人が在籍しています。この10年で約1.8倍に増加しています（図13）。特に、愛知県は全国でも突出して日本語指導が必要な外国ルーツの子供の在籍が多く、第Ⅲ章で事例を紹介する愛知県豊田市では、外国ルーツの子供の在籍者数が７割を超える小学校もあります（図14）。以前は外国ルーツの子供たちが多いのは外国人の方が集住される地域に特定されていましたが、最近は居住地域の散在化、また多様な言語へと変化しつつあります（図15）。このような外国ルーツの子供たちが増える中で、授業がわかるための日本語指導が必要であり、日本語指導のための通級による指導が実施されています。一方、小学校では、落ち着きのなさを示す外国ルー

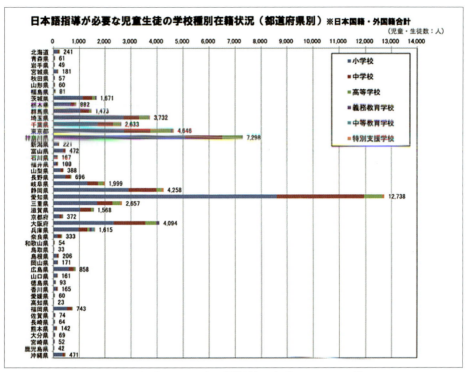

図14　都道府県別日本語指導が必要な外国ルーツの子供
出典：文部科学省HP「日本語指導が必要な児童生徒の受入状況等に関する調査（令和3年度）の結果（速報）について」より引用

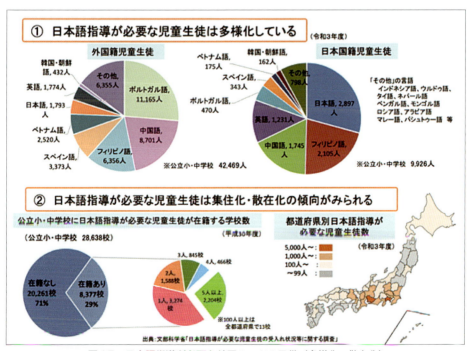

図15　日本語指導が必要な外国ルーツの子供（多様化・散在化）
出典：文部科学省HP「日本語指導が必要な児童生徒の受入状況等に関する調査（令和3年度）の結果（速報）について」より引用

ツの子供への対応が課題となっています。これらの子供たちについて、「日本語習得上の言語の問題か」、「発達課題の問題か」の判別が付かずに戸惑われている学校現場も少なくないと思います。外国ルーツの子供への支援では、2つの視点が重要です。1点目は、日本語能力の把握です。授業を受けるための日本語の理解レベルを把握することが重要です。文部科学省のホームページには、「カスタネット」という、外国ルーツの子供の日本語アセスメントや指導方法を紹介しているコンテンツがあります。「外国人児童生徒のためのJSL（Japanese as a Second Language）対話型アセスメントDLA（Dialogic Language Assessment）」という日本語を母語としない子供たちの日本語実態のアセスメントツールがあるので、ぜひ活用しましょう（図16）。

図16　外国人児童生徒のためのJSL対話型アセスメントDLA

2点目は、母国語の理解度の把握です。外国ルーツの子供たちの家族は様々な家族構成が考えられます。すでに日本での生活が長い外国人の両親を持つ子供は、日本で生まれ、日本で育った子供たちです。このような子供たちの中には、母国語と日本語の両方を理解するバイリンガルの子供も少なくありません。家庭で母国語による会話をしていても学校では日本語を巧みに使用できるため、大きな問題はありません。一方、学齢期途中で海外から移住してくる外国ルーツの子供も増えています。両親が外国人で、家庭では母国語で会話しており、日本語はまだ十分身についていないケースです。このグループの中に、発達課題か日本語習得の課題かの見極めが難しいケースがあります。そんな際は、ぜひ母国語である第1言語の理解レベルを把握してみましょう。第1言語の習得は、思考力や認知発達に大きな影響を与えます。家庭での母国語理解がどのぐらいであるのかを、通訳などを通して把握しておくことが重要です。大まかではありますが、第1言語が獲得されていれば、気になる行動は、日本語習得など環境の変化による影響が考えられ、第1言語の習得が十分でない場合は、発達的な課題（知的・認知）が想定されます。大きく見極めて、一人一人の子供にあったサポートが必要になってきます。新しい環境の中で不安が高い児童生徒たちなので、第1言語である母国語で話すことができる通訳などのサポートも重要です。

（2）不登校、登校しぶりの子供への支援（学びの多様化学校、特定分野に特異な才能のある子供への支援）

　不登校の子供たちの増加に伴って、学校における不登校支援は喫緊の課題となっています。不登校の背景要因は様々ですが、特別支援教育の視点からは、学習障害や境界知能など学習上の問題を抱える子供や発達障害など集団が苦手な子供たちが多い現状があげられます。小・中学校では、特に発達障害の診断のないグレーゾーンの子供への対応に苦慮されている現状もあります。不登校支援では、医療機関の受診が必要となる場合もあり、その背景要因を含めて適切な対応が必要です。

　教育機会確保法や文部科学省の通知を踏まえて、現在の不登校支援は学校に来ることだけが目標でなく、児童生徒の社会自立を目標とする方向性が示され、教育支援センターやフリースクールなどの居場所の整備が進められています。学校内にも教室に入れない子供の居場所として、校内教育支援センターを設置する学校も増えています。また、「こども家庭庁」の創設によって、学校や家庭以外の第三の居場所づくりも急速に進んできています。このような中で、小・中学校や特別支援学校に通えない不登校の子供を対象とした、学校の設立も増えてきています。「学びの多様化学校」（不登校特例校）と言われる学校で、通常の学校と比べて柔軟な教育課程を編成することができます。最近設置される多くの学校では、既存の机や椅子、制服などを廃止し、リラックスできる空間や一人で過ごせるスペースなどの環境が工夫されています。

　小学校では、学校での学習に満足できなかったり、学級での過ごしにくさを感じたりしている子供への関心が高まっています。「特定分野に特異な才能のある児童生徒」、いわゆるギフテッドと呼ばれる子供たちです。小学校入学時点からすでに年齢以上の読み書きや計算などの能力が優れている子供で、集団に合わせた学習をしないといけない学校生活への物足りなさや不適応感を感じやすい子供たちです。この中には、いわゆる2E（twice-exceptional：二重に例外的な）と呼ばれる、特異な才能を持ちながらも苦手さも抱えている発達障害の子供たちも数多く存在すると考えられています。先に取り上げた、ユニバーサルデザイン授業の視点からの授業や指導上の工夫が重要です。また、授業の中で知的好奇心を満たす内容や学習スタイルの工夫、協働学習における役割の工夫などが求められます。さらには、該当の子供の発達特性や認知特性などを踏まえた学習・生活支援という視点からも、個別最適な学習機会による知的好奇心を満たす対応も必要です。あわせて大学や民間企業など学校以外の機関における知的好奇心を満たすような活動との連携も重要となります。苦手なことに配慮しながらも、特異分野における能力をさらに伸ばしていけるような教育が求められています。

（3）医療的ケア児の理解

　医療的ケア児とは、「医学の進歩を背景として、NICU（新生児特定集中治療室）などに

長期に入院した後、引き続き人工呼吸器や胃ろうなどを使用し、たんの吸引や経管栄養などの医療的ケアが日常的に必要な児童生徒のこと（厚生労働省）」と示されています。「医療的ケア」の定義は、人工呼吸器による呼吸管理、喀痰（かくたん）吸引その他の医療行為であり、日常生活及び社会生活を営むために恒常的に医療的ケアを受けることが不可欠である児童です。医学の進歩とともに年々増加傾向にあります。特別支援学校だけでなく、小・中学校でも該当する子供たちが増えてきています。これらの医療的行為は、家族の他には、医師や看護師もしくは医師の指示の下、医療的ケア看護職員や喀痰吸引などが行える介護福祉士、認定特定行為業務従事者などとなります。そのため、学校生活で必要な場合は、看護師の配置が必要となりますが、これまでは家族への協力を仰がないといけない状況もありました。しかし、令和３年に「医療的ケア児及びその家族に対する支援に関する法律」が施行されてから、学校での医療的ケア児の支援が充実し、家族の負担軽減にもつながってきています。インクルーシブ教育が進み、小・中学校での就学を希望する場合に、必要な医療的ケアの対応を検討することが求められています。

（大山　卓）

参考文献・引用文献

文部科学省HP「日本語指導が必要な児童生徒の受入状況等に関する調査（令和３年度）の結果（速報）について」https://www.mext.go.jp/b_menu/houdou/31/09/1421569_00003.htm（閲覧日：2024年12月17日）

文部科学省HP「かすたねっと」https://casta-net.mext.go.jp/（閲覧日：2024年12月17日）

文部科学省（2023）「不登校の児童生徒等への支援の充実について（通知）」

文部科学省HP「特定分野に特異な才能のある児童生徒に対する学校における指導・支援の在り方等に関する有識者会議『審議のまとめ〜多様性を認め合う個別最適な学びと協働的な学びの一体的な充実の一環として〜』」https://www.mext.go.jp/content/20220928-mxt_kyoiku02_000016594_01.pdf（閲覧日：2024年12月17日）

厚生労働省HP「医療的ケア児等とその家族に対する支援施策」
https://www.mhlw.go.jp/stf/seisakunitsuite/bunya/hukushi_kaigo/shougaishahukushi/service/index_00004.html（閲覧日：2024年12月17日）

コラム10　日本語の習得に困難のある子供への通級による指導

　外国ルーツの子供たちは、日本語の能力が不十分であったり、日常的な会話はできていても学習に必要な日本語の能力が十分ではなく、学習活動への参加に支障を生じたりする場合があります。このため、外国ルーツの子供が日本語を用いて学校生活を営むとともに、学習に取り組むことができるよう、一人一人の日本語の能力を的確に把握しつつ各教科等や日本語の指導の目標を明確に示し、きめ細かな指導を行うことが大切であることが示されています。
　小・中学校学習指導要領に次の規定があります。

> イ　日本語の習得に困難のある児童（生徒）については、個々の児童（生徒）の実態に応じた指導内容や指導方法の工夫を組織的かつ計画的に行うものとする。特に、通級による日本語指導については、教師間の連携に努め、指導についての計画を個別に作成することなどにより、効果的な指導に努めるものとする。

　通級による日本語指導は、学校教育法施行規則第56条の2に基づく特別の教育課程を編成することにより、日本語の習得に困難のある児童を在籍学級以外の教室などにおいて、学校生活や学習に必要な日本語の能力を高める指導や、日本語の能力に応じた各教科等の指導などを行うものです。指導方法については、通級による指導、通常の学級における日本語の能力に配慮した指導、放課後等を活用した指導などの工夫が考えられます。指導の目標及び指導内容を明確にした指導計画（個別の指導計画）を通常の学級の担当教員等と連携して作成し、学習評価を行うなど、教職員の共通理解の下にきめ細かな指導を行うことが求められます。

（大山　卓）

参考文献・引用文献

文部科学省（2017）「小・中学校学習指導要領（平成29年告示）解説　総則編」

第Ⅱ章

愛知県豊田市の特別支援教育とサポートシステム

＊愛知県豊田市では、2007年度より「障害」を全て「障がい」と表記しています。
これを踏まえ、第Ⅱ章・第Ⅲ章の豊田市に関する記述については、全て「障がい」の表記といたしました。

1 愛知県豊田市の特別支援教育の特徴

（1）愛知県豊田市の特別支援学級の現状

　豊田市は人口約42万人、面積約918㎢で、愛知県のほぼ中央に位置する中核市です（**図1**）。全国有数の製造品出荷額を誇る「クルマのまち」として知られる企業城下町としての顔をもつ一方、市域のおよそ7割が山間地域であり、豊かな自然を有する緑のまちとしての顔も併せもっています。

図1　愛知県豊田市の位置

　市内には、小学校が75校、中学校が28校、特別支援学校（肢体不自由）が1校あります。学校規模は、市域が広いため地域によって大きく異なっており、都市部には児童生徒数が800名を超える学校もありますが、山間部には20名に満たない学校もあります。なお、学校規模に関わらず、ほぼ全ての学校に特別支援学級が設置されています。

　市内全体の児童生徒数（令和6年5月1日現在）は33,584名で、うち小・中学校の特別支援学級に在籍する児童生徒数は1,149名です。近年の傾向として、市内全体の児童生徒数は減少していますが、特別支援学級の児童生徒数は増加していることがあげられます。さらに、肢体不自由や難聴など、これまでほぼ在籍がなかった障がい種の児童生徒が特別支援学級に入級することが増えてきました。そのため、初めて特別支援学級を担当する教員や、これまで担当したことのない障がい種を担当する教員が増加しており、特別支援学級や通級による指導を担当する教員の専門性向上とサポート体制を整備することが重要な課題となっています。

（2）豊田市青少年相談センター（愛称：パルクとよた）の概要

　豊田市教育委員会が所管する豊田市青少年相談センター（以下、パルクとよたと表記）では、小学生から18歳未満の青少年を対象に、発達面や行動面など学校生活に心配のある子供やその保護者を対象とした相談支援を行っています。また、不登校児童生徒を対象とした教育支援センター機能も有しています（**写真1**）。

写真1　豊田市青少年相談センター（パルクとよた）外観

職員構成は、所長、指導主事、スーパーバイザー、公認心理師・臨床心理士の資格を有する青少年相談員、社会福祉士の資格を有するスクールソーシャルワーカー、そして、特別支援学校管理職〇Bである特別支援教育アドバイザー等、様々な専門職が在籍しています。職員はそれぞれの専門性を生かして、関係機関と連携しながら、個に応じた支援の充実を目指しています。

なお、特別支援教育の推進もパルクとよたの重要な役割の1つです。特別支援教育が広く認知されるようになったことや、児童生徒一人一人に応じたきめ細やかな対応へのニーズの高まりから、特別支援学級への入級や通級による指導を受けることを検討する児童生徒が増えてきました。また、障がいがあっても、通常の学級で学ぶことを希望する児童生徒も増えてきています。

そのため、パルクとよたでは、通常の学級、通級による指導、特別支援学級、特別支援学校といった、連続性のある「多様な学びの場」の充実を通して、適切な支援を行うことを目指しています。

パルクとよたの主な取り組みの概要は以下のとおりです。

① 就学相談会の開催

　　主に就学前の障がいのある子供とその保護者を対象とした就学相談会を実施しています。相談会では、学識経験者や特別支援学校の教員が相談員として、就学に向けたアドバイスをします。

② 教員研修の実施

　　特別支援学級や通級による指導を担当する教員、特別支援教育コーディネーター等を対象に、特別支援教育に関する研修を行い、職務内容に応じた資質の向上を図ります。

③ 特別支援教育アドバイザーによる支援の実施

　　特別支援教育アドバイザーが学校を訪問して相談等を行い、学校を支援しています。

④ 学級運営補助指導員の配置

　　発達障がいやその疑いがある児童生徒及び日常生活に介助を要する児童生徒など、特別な支援を必要とする児童生徒が在籍する学級や学年に補助員を配置しています。

⑤ 教育介護ボランティアの派遣

　　肢体不自由など特別な支援を必要とする児童生徒が、修学旅行や野外学習等の校外行事で充実した学習をすることができるように介護者を派遣しています。

⑥ 学校における医療的ケアの実施

　　医療的ケアを必要とする児童生徒が安全で安心な学校生活を過ごすために、看護師による医療的ケアを実施しています。

（3）関係機関との連携による支援の充実

　豊田市では、パルクとよたを事務局として豊田市特別支援教育連携協議会を開催しています。協議会では、教育、医療、福祉、労働等の関係機関がネットワークを形成して特別支援教育の推進を図っています。

　関係機関の１つに、医療と福祉が一体となって乳幼児期の子供たちの支援をしている豊田市こども発達センターがあります。豊田市こども発達センターでは、医療や福祉の専門家によって、発達に心配のある子供とその家族を対象に個に応じた支援をしています。パルクとよたと豊田市こども発達センターは、互いに連携することで豊田市における乳幼児期から学齢期への一貫した支援の実現を目指しています。例えば、こども園・幼稚園等から小学校への就学においては、実態把握や就学先の検討などを連携して行うことで、適切な就学支援の推進に努めています。

（4）ブロックサポート体制の整備

　近年、豊田市の小・中学校では、通常の学級においても特別な支援を必要とする児童生徒の増加が進んでいます。また、障がいの程度に関わらず、地域の学校への就学を希望する児童生徒も増えてきました。教育的ニーズが多様化していく中で、児童生徒への支援・指導の充実のためには、特別支援教育に関する教員の専門性の向上が欠かせません。加えて各学校においては、特別支援教育を推進するための校内体制も重要です。特別支援教育コーディネーターは、その中核を担っています。

　豊田市の特別支援教育コーディネーターの多くは、教頭や教務主任等の役職者が担当していますが、人事異動等の関係で短い期間で交代することが少なからずあります。そのため、特別支援教育に関して連続性のある取り組みが難しかったり、長期的な視点で校内外

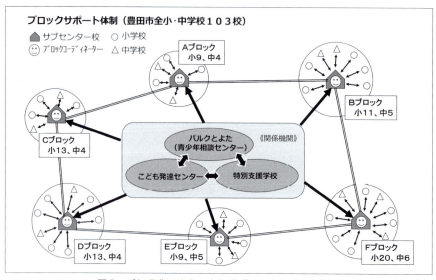

図2　愛知県豊田市小・中学校ブロックサポート体制

の連携体制を整備できなかったりすることもありました。また、特別支援教育に携わった経験が少ない教員が特別支援教育コーディネーターを担当することもあり、サポートする体制を整える必要がありました。そこで、各学校の特別支援教育コーディネーターが支え合い、それぞれの校内支援体制の充実を図ることができるよう、豊田市では「ブロックサポート体制」という学校間のネットワークを整備しました。「ブロックサポート体制」の「ブロック」とは、小・中学校103校を地域ごとに分けたまとまりのことです。市内を6つのブロックに分けています（図2）。

　各ブロックには、特別支援教育を推進するためのコーディネート役を担う学校（以下、サブセンター校）を設定しました。サブセンター校には、ブロック代表を務める特別支援教育コーディネーターがいて、ブロックごとに研修や情報交換会を企画して各校の参加者を取りまとめたり、ブロック内の他の学校から相談を受けたりしながら、ブロック内の学校をサポートしています。なお、ブロック推進委員会に参加し、「ブロックサポート体制」を活用した特別支援教育の推進について検討等をしています。また、各ブロックを支える仕組みとして、パルクとよたや豊田市こども発達センターといった市内の関係機関や、近隣の特別支援学校を「ブロックサポート体制」のネットワークの中心に据えることで、これまで以上に連携しやすい体制を整えました。さらに、ブロックごとのサブセンター校には、関係機関等から特別支援教育に関する情報等を集約して、ブロック内の各学校に発信するという役割をもたせました。これにより、学校間のつながりだけでなく、関係機関等とのつながりも強化することや、「ブロックサポート体制」のネットワークを活用して、市内の小・中学校に必要な情報を展開することが可能となりました。

　各学校の特別支援教育コーディネーターは、「ブロックサポート体制」の整備により、経験の多少にかかわらず、ブロック内の研修や情報交換会を通して学んだことを校内支援体制の充実に役立てたり、特別支援教育に関する困りごとを相談したりすることができるようになりました。さらに、各ブロックでは、関係機関等と連携して教員対象の研修だけでなく保護者を対象とした情報交換会を実施するなど、保護者支援の充実にも取り組んでいます。特別な支援を必要とする児童生徒への支援の充実のために、豊田市の「ブロックサポート体制」は大きな役割を担っているといえます。

(山上 裕司)

愛知県豊田市の特別支援教育アドバイザーの役割

(1) 特殊教育から特別支援教育へ

　「特殊教育」が「特別支援教育」となり、18年という月日が過ぎました。この間、児童生徒の個々の教育的ニーズを把握し、個に応じたきめ細やかな指導支援を行うため、「養

護学校」から「特別支援学校」、「特殊学級」から「特別支援学級」への名称変更、通級指導教室の制度化、個別の教育支援計画や個別の指導計画の作成が進められてきました。愛知県の公立小・中学校の特別支援学級では、障がい種別ごとに一人でも学級を設置するなど、裾野の広い取り組みが進められています。反面、少子化が進み豊田市も児童生徒数は、年々減少し

表1 愛知県豊田市小・中学校の在籍者数及び特別支援学級在籍児童生徒数の変化

出典：豊田市学校基本調査より

ていますが、特別支援学級在籍児童生徒数は、過去17年の比較では、約2倍の増加が見られます。特に、自閉症・情緒障がい特別支援学級は、2倍強の増加です（**表1**）。さらに、全国的な傾向と同様に、豊田市の小・中学校の通常の学級の中にも支援を必要としている児童生徒が増加しています（**表2**）。

表2 小・中学校の通常の学級に在籍する教育的支援を必要とする児童生徒の推移

	平成14年	平成24年	令和4年
学習面又は行動面で著しい困難を示す児童生徒数の割合（小中学校）	６．３％	６．５％	８．８％

出典：文部科学省HP「通常の学級に在籍する特別な教育的支援を必要とする児童生徒に関する調査結果（令和4年）について」を元に作成

　特別支援教育の推進には、教室の確保やスロープ等の施設設備及び環境の整備はもちろん大切ですが、特別支援教育を担う人材確保が喫緊の課題です。豊田市では、特別支援教育に関わる教員や学校体制への支援の充実を目指し、平成29年度から特別支援教育アドバイザーを配置しました。また、多様な障がい種に対応するため人数を増員し、現在5名の特別支援教育アドバイザーが活躍しています。特別支援教育アドバイザーは、特別支援学校の校長、教頭を務めてきた経験を生かし、学校全体を理解した上で、自閉スペクトラム症や視覚障がい、聴覚障がい、肢体不自由、病弱（身体虚弱）、読み書き障がいなど様々な特性や障がいに合わせて専門的にアドバイスをしています。

　令和4年度から通級指導教室への巡回指導訪問も始め、担当者にアドバイスもしています。

(2) 小・中学校への訪問相談
① 特別支援教育アドバイザーの訪問相談の流れ（図3）

学校から依頼 ➡ 日程調整 ➡ 授業参観 ➡ 担任との懇談

※担任との懇談では、コーディネーターや管理職も同席する場合があります。
また、保護者との面談を実施する場合もあります。

図3　訪問相談の流れ

② 訪問件数の推移

令和元年度の特別支援教育アドバイザーの訪問回数は、延べ201回でしたが、令和5年度の訪問回数は、968回でした（**表3**）。過去5年間の訪問件数の推移を見ると、特別支援教育アドバイザー一人当たりの訪問相談件数が約2倍に増加しています（**図4**）。豊田市内の小・中学校数は、103校なので1校あたり平均2回は、訪問相談をしたことになります。

訪問相談開始した当初は、成果や評価などが学校に十分理解されていない状況でしたが、一度、訪問相談のアドバイスを聞き、実際に指導に生かしていくと成果があり、再度訪問相談を依頼するケースが増えています。

表3　特別支援教育アドバイザーの訪問件数の推移
（単位：回）

年度	R1	R2	R3	R4	R5
総計	201	299	532	769	968
一人当たり	101	100	133	192	194

出典：豊田市学校基本調査より

図4　特別支援教育アドバイザーの訪問件数の推移
出典：豊田市学校基本調査より

③ 障がい種別訪問件数

障がい種別では、特に肢体不自由に関する依頼が急激に増えています。次に、発達全般に関する相談や読み書き障がいの訪問相談の数が多くなっています（**表4・図5**）。なお先生方は、特別支援学級だけでなく通常の学級においても学習面又は、行動面で著しい困難を示す子供たちへの対応でも苦慮しています。訪問相談を受ける先生方からは、「初めて特別支援学級を担当します。自立活動って何ですか？」「同僚に聞いてもわからないと言われます。」これが特別支援教育を担当する先生方の生の声です。学校からの依頼を受け、授業参観し、担任はもちろん管理職、場合によっては保護者とも懇談し、担任や児童生徒の抱えている課題に寄り添ったアドバイスを行っています。

表4　障がい種別特別支援教育アドバイザーの訪問件数の推移

（単位：回）

	視覚	聴覚	知的	肢体	病弱	自情	学習	発達
R4	5	110	64	217	40	136	50	119
R5	8	90	70	265	61	275	45	154

出典：豊田市学校基本調査より

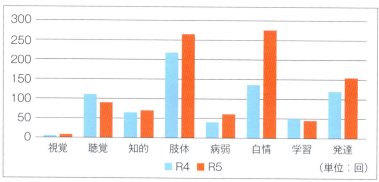

図5　障がい種別特別支援教育アドバイザーの訪問件数の推移
出典：豊田市学校基本調査より

（3）特別支援教育アドバイザーによる相談のストロングポイント

　特別支援教育アドバイザーは、児童生徒の支援、担任の支援、学校の支援を基本としています。特に視点を置いていることは、担任の成長につながる具体的なアドバイス、児童生徒一人一人の教育的ニーズに応じた支援、学校全体に障がいに対する理解啓発が促進されることを心がけています（**図6**）。

障がい種に応じた アドバイス	児童生徒等の実態に応じて その場でのアドバイス
担任だけでなく、 管理職や保護者との懇談	通級指導教室の授業参観及び 担当者へのアドバイス

図6　特別支援教育アドバイザーによる相談のストロングポイント

（4）訪問相談を受けた先生方の声

訪問相談を受けた先生方からのアンケートの抜粋です。

小学校特別支援学級（弱視）担任のＡ先生

弱視学級の立ち上げで、経験のある担任がほぼいない状況であったため、特別支援教育アドバイザーの訪問を依頼しました。弱視児童の特性に合った教室環境や配慮事項、どのように改善すればよいかをご指導いただきました。また、自学校で使用している教材教具なども動画や写真を取り寄せて、お示しいただくなど、役に立つ情報を多く得ることができました。

小学校特別支援学級（肢体不自由）担任のＢ先生

肢体不自由学級の児童について、自立活動の内容や方法、小学校卒業までを見通した支援のあり方について、担任のみならず保護者にもお話していただきました。障がい特性に応じた関わり方を学ぶことができました。

訪問相談を受けた先生方からは、現状に合ったアドバイスによって不安感が少し和らぎ子供たちに向き合えるようになったという声を多くいただきます、今後も特別支援教育の理解啓発と先生や児童生徒たちが成長する姿を見守り続けたいです。

（高村 葉子）

参考文献・引用文献

文部科学省HP「通常の学級に在籍する特別な教育的支援を必要とする児童生徒に関する調査結果（令和４年）について」https://www.mext.go.jp/b_menu/houdou/2022/1421569_00005.htm （閲覧日：2024年12月17日）

コラム11　愛知県豊田市こども発達センターの役割

　令和６年度に施行された改正児童福祉法において、児童発達支援センターの役割の強化や福祉サービス機関での支援の質の向上などが明記されました。

　愛知県豊田市こども発達センターは、「障がい児支援のセンタ・オブ・センター」として高い期待に応えるべく、時代のニーズに沿って「第３次推進計画」をスタートさせ、引き続き「発達支援」「家族支援」「地域支援」の３つの児童発達支援センターとしての役割を担っています。

　その中で、３つの組織が役割を分担しながら、機能的に動いています。

❶ のぞみ診療所（診察部門）

・対　　象：豊田市及びみよし市在住の18歳未満の発達に支援が必要なこども

・支援方針：のぞみ診療所は、発達の障がいに特化した専門機関として、こどもたちやご家族から学ぶ姿勢を大切にし、様々な制度改革に適切に対応しながら、発達に支援が必要なこどもの発達・健康支援に努めています。

・診 療 科：障がいの早期発見、診断、検査及び治療並びに発達の支援を行います。また、医療の専門性を活かし、地域の関係機関に対する専門的支援を行います。

　　○児童精神科（精神発達に関すること）

　　○小児神経科（知的発達や身体発育に関すること）

　　○小児整形外科（運動発達に関すること）

　　○耳鼻咽喉科（聴こえに関すること）

　　○泌尿器科（排尿に関すること）

　　○小児歯科（こども歯科に関すること）

　　○リハビリテーション科（発達に支援が必要なこどもに対し、総合的な発達を促すため、医師の指示のもとに医学的リハビリテーションを行います。また、スタッフの専門性を活かし、地域の関係機関に対する専門的支援を行います。）

　　○理学療法（日常生活に適応できるよう動作の発達を促す支援）

　　○作業療法（感覚運動機能・日常生活動作・学習基礎能力・社会性の発達の支援）

　　○言語聴覚療法（聴こえやことば（読み書きを含む）の発達を促す支援）

　　○心理療法（こどもの心身の発達を促すとともに、ご家族への子育て支援）

❷ 地域療育相談室（相談・外来部門）

- ・対　　象：豊田市及びみよし市在住の18歳未満の発達に支援が必要なこども
- ・支援方針：こども発達センターの総合窓口として、こどもとご家族の保健・医療・福祉・生活など、全ての相談を行います。また、西三河北部福祉圏域のコーディネーター機関として早期療育の推進を図ります。指定特定障がい児相談事業所「オアシス」では、通園施設を利用するこどもを中心に障がい児支援利用計画を作成します。

※週に1〜2回親子で一緒に集団参加する「あおぞら」「おひさま」があります。

❸ 障がいのあるこどもの療育（通園部門）

○「ひまわり」
- ・対　　象：ことばや対人関係の発達に支援の必要な3歳から就学前のこども
- ・支援内容：こども一人一人の特性を考え、情緒の安定を図り、健全な社会生活を営むことができるよう集団及び個別的な支援をしています。

○「なのはな」
- ・対　　象：難聴のこども及び言葉や対人関係の発達がゆっくりな0歳から就学前のこども
- ・支援内容：補聴器をつけて耳で聞く練習をしたり、手話や身振りを使って楽しくやり取りをしたりすることで、日常生活に合った言葉を身につけられるように支援したり、いろいろな人と上手に関わることができるように支援したりしています。

○「たんぽぽ」
- ・対　　象：手足や身体に不自由のある0歳から就学前の子供
- ・支援内容：食事や排せつなどの生活習慣の確立を目指し、こどもの健やかな発達を願いながら、遊びを通して「こころ」と「からだ」の成長を支援しています。

(高村 葉子)

参考文献・引用文献

豊田市HP「こども発達センター」（一部修正）https://www.city.toyota.aichi.jp/shisetsu/shisetsuhoken/hukushishougai/1029915/index.html（閲覧日：2024年12月17日）

第Ⅲ章

障害の理解と支援

―特別支援教育アドバイザーの
サポート事例から―

＊愛知県豊田市では、2007年度より「障害」を全て「障がい」と表記しています。
　これを踏まえ、第Ⅱ章・第Ⅲ章の豊田市に関する記述については、全て「障がい」の表記といたしました。

1　弱視の子供の理解と支援

事例1-1　小学校特別支援学級（弱視）に在籍するAさんへの支援

1　事例の概要

(1) 相談に至った経緯

　Aさんは、小学校1年生の児童です。Aさんの小学校入学に伴い特別支援学級（弱視）が設置されました。担任の先生は、これまで弱視児童の指導経験がなく、当該学校としても初めてのケースであることから月に1回程度の特別支援教育アドバイザー（以下、アドバイザーと表記）の訪問相談を依頼されました。

(2) Aさんのプロフィール

- Aさんは地域のこども園に通っていました。
- 身体障がい者手帳1種2級。両眼視力0.1で、弱視・水頭症・てんかんの診断を受けています。

2　Aさんのアセスメントと担任へのサポート方針

　こども園での遊び中心の生活が長かったため学校生活の流れについていくことがかなり難しい様子でした。しかし、年度当初の自己紹介等の活動では、何をすべきかよく理解できていて意欲があります。友達の話を聞いたり活動に関心を示したりすることができます。教室での行動を見ると机等、障がい物に当たることはありません。友達とも適切な距離感を保つことができています。歩き方が不安定で階段昇降など移動の際に見守りが必要です。てんかん発作があり、薬を服用しています。

　Aさんの見えにくさや学習の状況を把握しながら以下の点について担任をサポートしていくことにしました。

(1) わかりやすいスケジュールと見通しがもてる提示
(2) サインペン等を活用した太字での文字の提示
(3) コミュニケーションに必要な正しい言葉遣い

(4) 視力・視野検査の結果を踏まえた見え方等の特性理解
(5) 知的理解がどの程度かを把握した上での指導支援
(6) 前後左右、上下など空間概念の理解
(7) 校内散策、右側通行の徹底、安心安全な移動
(8) 手指の巧緻性の向上
(9) 書見台の購入
(10) 医療機関と連携を図ったてんかん発作の対応

　以上、環境整備も含めて具体的な支援法を模索していくこととしました。月1回程度アドバイザーが学校を訪問し、Aさんの様子を踏まえて担任の先生と懇談を行うこととしました。また、豊田市の障がい児医療や福祉の拠点となる豊田市こども発達センターや近隣の視覚障がい特別支援学校（盲学校）、その他機関とも連携し、より良い指導につなげることにしました。さらには弱視学級を初めて担任する先生に対して視覚障がい関係機関の研修会等を紹介し、視覚障がい教育への理解を深めてもらうことにしました。

3　担任へのサポート経過

(1) てんかん発作の対応

　4月上旬の下校後、自宅でてんかん発作がありました。保護者の情報によると疲れによるもののようでした。学校でも起こりうるため、発作を起こした時の対応や救急搬送などについて保護者と確認しました。その後、学校で2回発作のような状態になりました。目が上を向くような状態になり、呼びかけにも応じませんでした。しばらく休んでいると言葉がけに応じるようになりました。6月の訪問時にこの発作のような状態になったことを聞きました。養護教諭と保護者で話し合いをし、主治医に意見書を書いてもらって、てんかん発作が起きた際に対応するため座薬を学校で保管するように進めてきました。

(2) 給食

　Aさんの給食の様子を参観しました。「いただきます」をしてから箸を持ち、メンチカツを食べようとしましたが、うまくつかむことができず、自分でフォークに替え、突き刺して食べていました。ピラフやスープはスプーンを使ってこぼさず上手に食べていました。何がどの位置にあるのかが感覚でわかっているのではなく、見えているようでした。紙パックの牛乳もストローで飲むことができ、担任の補助で紙パックを平らに潰すことができていました。食器の片付けでは、同じ食器の上に積み重ねることができました。食事に対して関心が高く、落ち着いて食べることができていました。

(3) 国語の授業参観及び担任との懇談

　Aさんは自分の机の位置で「国語の授業を始めます」と挨拶をして授業を始めました。「①教科書を読む、②友達の名前、③先生の名前、④自己紹介、⑤自分の名前カード、⑥線なぞり、⑦動物消しゴム」、の順番で学習が進みました。

　自分の名前カードでは、「○」「○」「○」の３文字のひらがなを読みながら並べる練習をしていました。一文字ずつ読むことができ、自分の名前を３文字のつながりで覚えているようでした。担任が間違った順に文字カードを置くと、並び替えることができていました。よく見えていると感じました。

　線なぞりは、担任が用意したプリントを、何度も修正や書き直しができるペンを使ってなぞっていました。大まかですが、線の上をなぞることができていました。右手でも左手でも書くことができます。Aさんは、食事では左手の方が使いやすいようですが、鉛筆は右手の方が上手に使えていました。左目の利き目から見やすいように「鉛筆は右手の方がよいのでは」とアドバイスしました。学習はここまでで、最後は、担任が用意した動物の消しゴムで遊びました。ここまで20分から25分。最後にお楽しみの活動があることで、集中しているように感じました。色や形が本物の動物に似せてある高さ２cmくらいの消しゴムを見せると、手にとって目に近づけ、正しい動物の名前を言っていました。

(4) 教育課程や学習内容について

　豊田市こども発達センターでの検査の結果、知的に遅れがあるということになれば、特別支援学校学習指導要領（知的障がい教育）を参考に教育課程を編成し、生活単元学習（各教科等を合わせた指導）で進めるのが望ましいことをお伝えしました。道徳は学校全体の教育活動で指導していきます。生活科は生活単元学習の中に入れてもよいと伝えましたが、生活科については通常の学級との交流及び共同学習（以下、交流と表記）をしていたので、このまま進めることにしました。

(5) 図画工作の授業参観及び担任との懇談

　図画工作の授業は、交流学級の１年生28名と一緒に参加していました。教室の一番前の出入り口付近に机を用意し、担任が隣で支援しています。題材は「ひもひもねんど」。Aさんは、粘土が好きで、とても集中して取り組んでいました。

　２時間続きの授業でしたが、１時間だけ参加し、残りは自分の教室に戻って続きを制作しました。書見台と拡大教科書*（**写真１**）を活用していますが、書見台を机の上に乗せると高くなるので、机の高さを下げようとしたところ、Aさんの膝が入らな

写真１　書見台と拡大教科書

くなってしまいました。物入れ部分の高さが狭い机と入れ替えてみたところ、膝が入るようになりました。逆に高さが合わないようならば、書見台を取って通常の机で学習してもよい、との考えを伝えました。

　豊田市こども発達センターの整形外科を受診し、その後、知能検査を受けることが決まりました。その結果を受けて教育課程等を検討することになりました。

＊拡大教科書
　弱視などの児童生徒のために検定済教科書の文字や図形を拡大等して複製し、同様の内容で発行している図書。検定済教科書に代えて、無償給与される。

（6）盲学校の定期教育相談

　Ａさんの保護者が近隣にある盲学校の教育相談を受けられました。そこでは、盲学校の担当の先生から「弱視の子は通常の学級と同じ教育課程です」と言われたそうです。担任からは、「もし、Ａさんが知的障がいを伴っていた場合は、弱視学級がなくなって知的障がい学級に変わらなければならないのか」と質問がありました。Ａさんはあくまで主障がいが弱視であって、知的障がいを伴った場合でも弱視学級で構わないことを伝えました。

　５月下旬に豊田市こども発達センターで知能検査を受けることができ、まだその結果は保護者から知らされていませんでしたが、その結果によって教育課程を検討する必要があることも伝えました。

　また、盲学校の先生から、「遠くはぼんやりとわかる程度の視力であるが、近くのものはよく見えている」と言われたこともお聞きしました。今後は見えることの楽しさを感じることのできる体験を積んでいくことがよいとのアドバイスがありました。また、文字を書くことが好きなので、「手紙学習（担任との手紙のやり取り）を取り入れることがよいのでは」というアドバイスもありました。アドバイザーからも同意見であることを伝えました。見えないことによる経験不足からの学習遅滞もあると思われるので、見えることの楽しさを体験させるとともに学習の積み重ねも進めるように伝えました。Ａさんの変化が見られたときに次回の（盲学校の）教育相談を申し込みたいと保護者から連絡があり、アドバイザーからもそれでよいことを伝えました。また、担任からは、タブレットの活用について相談がありました。今までは座ってタブレットを操作していましたが、立った状態の方が自由度がきくということでその方向で進めることにしました。保護者にタブレットを首から下げられるようなひもを準備していただきました。胸のあたりで固定することができるようになり、Ａさん自身で操作がしやすくなりました。今後は、タブレットが重要な視覚支援のツールになっていくと思われるので引き続きの支援をお願いしました。

(7) 算数の授業参観及び担任との懇談

算数の授業では、手元にある小型ホワイトボードを見ながら、本時の内容の確認をしていました。「①パズル、②すうじカード、③数図ブロック、④おすしやさん、⑤えんぴつ」、の5課題を行いました。

①いろいろな形や色の積み木を使って提示されたものと同じ形を作る課題。提示された写真をじっと見て同じように作ることができていました。

②1から10の数字カードを見ながらその数字を読み上げる課題。「7」、「8」、「9」の理解が難しい様子でした。

③提示された数字カードと同じ数のブロックをそろえる課題。ほぼ間違えることなくできていました。

④お寿司屋さんとお客さんに別れてお寿司を注文する活動。担任の「8個ください」に対して「いち」「にい」「さん」と数えながら8個のネタをそろえることができていました。

⑤プリントに鉛筆で数字を書く課題。「6」〜「10」を書きました。「8」「9」が難しそうな様子でしたが、集中して書いていました。プリントのマスの中に文字を書く時の始点となる位置に黒点があり、とても良い配慮だと感じました。

算数に関しては、現在10までの数の概念形成を目指しているとのことでした。落ち着いて学習に取り組めており、内容も積み重ねができているようなのでこの方向での継続指導でよいことを伝えました。4月に比べてとても落ち着いており、順調に学習も身に付きつつあります。担任のきめ細やかな支援の効果が出ています。

さらに、担任から次年度に向けて、交流学級の友達にAさんのことを知ってもらう機会をつくりたいと、相談がありました。夏の研修会で豊田市内の小学校の弱視学級の児童が、自分のサポートブックを作り交流学級で発表し、自分のことを知ってもらったという事例報告があり、それを実践してみたいとのことでした。とても良いことなのでぜひ頑張るように伝えました。低学年なのでわかりやすい内容にすることと、保護者に確認を取ることが必要であることを伝えました。また、他の学年の教員に対しても、Aさんの実態について知らせたいとの相談もありました。これに対しては教員が入れ替わった新年度になってからが望ましいことと、盲学校の先生から視覚障がいに関する資料を提供してもらえるよう相談することを助言しました。

(8) 豊田市こども発達センター受診

12月中旬に豊田市こども発達センターの受診があり、担任も同席しました。小児神経科では、「最近落ち着いていて、てんかん発作も起きていませんが、体育の授業には注意が必要です」との話がありました。また、整形外科では、足の長さが違うことがわかり、

シューズにインソールを入れることになりました。当分の間は、学校で履いている時間が一番長い上靴にインソールを入れる予定だそうです。脊柱側弯（せきちゅうそくわん）も見られるとのことで今後姿勢等に注意が必要であると情報共有しました。

(9) 自立活動の授業参観及び担任との懇談

学級の隣にある家庭科室で行いました。「①タブレットで動物を探す、②迷子カード、③野良猫弁当」、の順で授業を行いました。

①自席から3メートルほど離れた黒板に写真カードを貼り、タブレットを使って写真に撮り、何が貼ってあったか答える内容でした。バナナ、パンダ、ステゴサウルス、トラ、ティラノサウルス等を答えていました。黒板のいろいろな位置にカードを貼っていましたが、しっかりとタブレットで被写体をとらえて写真を撮ることができていました。ただ、両手でタブレットを持っているので安定しないことと、シャッターを押すときにどうしてもブレが生じてしまうことが問題であるように思いました。

②猫のカードが12枚あり、それぞれ赤い手袋をしている猫、赤いマフラーをしている猫、赤い帽子をかぶっている猫、その他に黄色、青色、黄色の猫たちを机に並べました。担任が「黄色い手袋をしている猫さんを探してください」というと、目を近づけて見つけていました。全ての猫を見分けることができていました。

③「野良猫弁当」は、絵本に出てくるキャラクターで、そのミニチュアを並べてごっこ遊びをして遊んでいました。

担任から自立活動授業の感想を聞かれましたが、本人がとても楽しそうに学習に取り組んでおり、今後必要となってくるタブレットの扱い方や、物の見分け方、コミュニケーションまで自立活動の内容が十分に盛り込まれており、素晴らしい自立活動であったと称賛しました。「迷子カード」は自立活動の雑誌に載っていたとのことで、話を聞く力や見分ける力を身に付けるのにとても良い内容だと感じました。タブレットの扱い方については、視覚障がい教育の中でもタブレットが活用されるようになったのは最近のことなので、情報を集めながらＡさんが活用しやすいように工夫していく必要があると伝えました。

(10) その他

① 運動会

運動会の演技で音楽に合わせて踊ることが難しいため、友達の真似を促したり担任が横で動きを言葉にしたりしてＡさんの動きを導き出そうとしていたので適切な支援であると伝えました。また、徒競走もゴールから言葉をかける形で良いことも伝えました。

② プール指導について

他の健常児と同じような指導をしてよいと伝えました。眼鏡がないため不安感は他の児童よりもあるので、安心安全を最優先して取り組むように伝えました。

③ 交流学級

　交流学級の児童に対して担任がＡさんの障がいについて紹介されました。これによって言葉をかけてくれる児童が増えてきました。低学年なのでストレートにものを言う子もいますが、学年が進行していくにつれて理解が図られることを期待します。

④ 視覚障がい教育担当者研修会への参加

　近隣の盲学校が主催する地域の小・中学校に在籍する視覚障がいの児童生徒を担当する教職員対象の研修会があります。見えにくさに配慮した指導や支援についての知識や技能を高めたり、お互いの情報を交換したりして、視覚障がい教育の指導力の向上を図る目的で年３回実施しています。この研修会への参加を担任へ促したところ積極的に参加していただきました。弱視児童の疑似体験や講義、盲学校で学ぶ弱視の児童の指導の実際などを見ることによって視覚障がい教育に対して意識を高めることになり、日々の指導に生かすことができたようです。

4　事例考察

　入学当初、廊下を飛び跳ねるように歩いていたＡさん。どの程度見えているのかわからないまま模索しながらの対応が始まりました。担任は、見え方に応じた学習環境を整えたり実態に応じた手立てを考えたりしながら、学習の基礎をコツコツと積み上げてきたことで学習面、生活面ともに成長が感じられました。Ａさんも「カタカナや漢字が読みたい」と、学習に対して意欲的であり、今から中学生になる

写真２　ルーペ

ことを楽しみにしていました。ルーペ（**写真２**）の使用については、近くの文字は見えているのであまり必要性はないかもしれないこと、遠くのものを見る手立てとして、単眼鏡やタブレットの使い方を練習していくとよいことを伝えました。視力の急激な低下は考えられませんが見え方等も含めて、今後も盲学校の教育相談を活用し専門な視点でＡさんの様子を見ていただき、日々の指導に生かしていってほしいと伝えました。

（榊原　暢広）

コラム 12 視覚障害（弱視）の児童生徒への配慮

❶ 視覚障害とは

　視覚障害は、視機能の永続的な低下により、学習や生活に困難がある状態を示します。視機能は、視力以外にも、視野障害（視野欠損や視野狭窄）、色覚障害、光覚障害（明順応障害、暗順応障害）などが含まれます。視力「0」の状態を「盲」と呼びます（明暗もわからない状態を全盲）。一方、何らかの視力がある方を「弱視（ロービジョン）」と呼びます。弱視はおおむね視力が0.3未満で通常の文字を拡大したりして教育できる子供たちです。拡大教科書などを利用して学習を進めていきます。

❷ 周囲の気付き

　弱視児は、自分の見え方をよく見える状態と対比させて認識したり言語化したりすることが困難なため、「見えているよ」と答えてしまうことがあります。周囲が行動観察などから見え方の困難さに気づき、必要な配慮を整える必要があります。

❸ 保有する視覚の活用

- 視覚補助具（ルーペ、単眼鏡、視覚補助具など）の活用による網膜像の拡大
- 視覚情報の精選（必要最低限の情報表示）
- コントラストを上げ鮮明に見せる色の組み合わせの工夫
- 明るさの調整、ブラインドやカーテンの設置、照明の活用
- 適切な机の選定と書見台の活用

❹ 視覚以外の感覚の活用

　聴覚や触覚、その他のあらゆる感覚を活用して視覚を補うとともに言語化で確かなイメージをもてるようにする。

❺ 見えにくさの理解

　弱視の子供自身が自分の見えにくさを理解し、自分で工夫したり周囲に援助を求めたりして環境を整備し、自己選択や自己決定による自立を促せるような支援が重要です。

表1　身体障害者障害程度等級表（視覚障害）

1級	1 視力の良い方の眼の視力（万国式試視力表によって測ったものをいい、屈折異常のある者については、矯正視力について測ったものをいう。以下同じ。）が0.01以下のもの
2級	1 視力の良い方の眼の視力が0.02以上0.03以下のもの 2 視力の良い方の眼の視力が0.04かつ他方の眼の視力が手動弁以下のもの 3 周辺視野角度（1/4指標による。以下同じ。）の総和が左右眼それぞれ80度以下かつ両眼中心視野角度（1/2指標による。以下同じ。）が28度以下のもの 4 両眼開放視認点数が70点以下かつ両眼中心視野視認点数が20点以下のもの
3級	1 視力の良い方の眼の視力が0.04以上0.07以下のもの（2級の2に該当するものを除く。） 2 視力の良い方の眼の視力が0.08かつ他方の眼の視力が手動弁以下のもの 3 周辺視野角度の総和が左右眼それぞれ80度以下かつ両眼中心視野角度が56度以下のもの 4 両眼開放視認点数が70点以下かつ両眼中心視野視認点数が40点以下のもの
4級	1 視力の良い方の眼の視力が0.08以上0.1以下のもの（3級の2に該当するものを除く。） 2 周辺視野角度の総和が左右眼それぞれ80度以下のもの 4 両眼開放視認点数が70点以下のもの
5級	1 視力の良い方の眼の視力が0.2かつ他方の眼の視力が0.02以上のもの 2 両眼による視野の2分の1以上が欠けているもの 3 両眼中心視野角度が56度以下のもの 4 両眼開放視認点数が70点を超えかつ100点以下のもの 5 両眼中心視野視認点数が40点以下のもの
6級	視力の良い方の眼の視力が0.3以上0.6以下かつ他方の眼の視力が0.02以下のもの

出典：厚生労働省HP「身体障害者障害程度等級表（身体障害者福祉法施行規則別表第5号）」より引用

（榊原　暢広）

参考文献・引用文献

文部科学省（2022）「障害のある子供の教育支援の手引～子供たち一人一人の教育的ニーズを踏まえた学びの充実に向けて～」ジアース教育新社

全国盲学校長会（編著）青木隆一・神尾裕治（監修）（2018）「新訂版　視覚障害教育入門Q＆A‐確かな専門性の基盤となる基礎的な知識を身に付けるために‐」ジアース教育新社

厚生労働省HP「身体障害者障害程度等級表（身体障害者福祉法施行規則別表第5号）」https://www.mhlw.go.jp/bunya/shougaihoken/shougaishatechou/dl/toukyu.pdf（閲覧日：2024年12月17日）

2 | 難聴の子供の理解と支援

事例2-1 小学校特別支援学級（難聴）に在籍するBさんへの支援

1 事例の概要

（1）相談に至った経緯

　Bさんの小学校入学に伴い、初めて特別支援学級（難聴）が設置されました。担任が難聴児に対する指導経験がないことから、学習指導や生活面での指導・支援方法を知りたいと、アドバイザーへの訪問相談依頼がありました。

（2）Bさんのプロフィール

- 小学校1年生Bさん。入学前は地域のこども園と豊田市こども発達センター難聴児施設（児童発達支援センター）との並行通園を行っていました。
- 両耳ともに感音性難聴で右耳は4歳の時、左耳は5歳の時に人工内耳装用の手術[*1]を行いました。身体障がい者手帳1種3級を取得しています。

[*1]人工内耳

　音を電気信号に変えるプロセッサーという耳掛型補聴器のような形の外付けの装置と、蝸牛内の神経を直接電気信号で刺激する電極で構成されている。電気信号の受信機と電極は手術で頭部に埋め込まれる（文部科学省）。

2 Bさんのアセスメントと担任へのサポート方針

- オージオグラム（聴力検査結果）で本児の人工内耳装用時の聴力を確認すると、右35dB[*2]、左35dBで音はおおむね聴取できていると思われました。
- 遠城寺式乳幼児分析的発達検査では、発語と言語理解の領域で発達年齢よりも低い指数が出ていました。このことは人工内耳装用時期がやや遅かったことが関係していると考えられます。
- Bさんの発音の明瞭度を高めることと、語彙数を増やすことを中心にサポートしていくこととしました。
- 担任へのサポートとして、週1回程度継続的に訪問し、アドバイザーによる発音指導の

実際を見てもらい、自立活動の時間や普段の学校生活の中で取り入れてもらうこととしました。
- また、担任のみならず、学校全体の難聴理解を促すために、長期休業中に全校職員を対象とした現職研修を行うこととしました。

*2 dB（デジベル）は音の大きさを表す単位です。平均聴力レベル25〜40dBは、一対一の会話場面での支障は少ないが、日常生活面では聞き返しがあり、教室の騒音等により話が正確に聞き取れないことがある聞こえの状態である（文部科学省）。

3 担任へのサポート経過

(1) 出会い、支援の開始

　小学校への訪問はBさんの入学前から始まりました。入学式前日に小学校を訪問し、校長、教頭、教務主任、担任と今後の支援の在り方について打ち合わせを行いました。入学式後にこれまで関わりのあった豊田市こども発達センターの担当者と共に2回目の訪問を行いました。Bさんと担任との関係は良好で、良いスタートが切れたことを聞き、次回は保護者の了解のもと保護者懇談をお願いしました。

　3回目の訪問時に初めてBさんと会い、授業の後半時間をアドバイザーが担当し、ストロー遊びや風船を使った息吹きや声出し遊びを行いました。Bさんはとても楽しそうに意欲的に取り組むことができました。

　保護者との懇談では、難聴の発見が遅れたこと、人工内耳を装用してから反応がよくなったこと等を聞くことができました。アドバイザーからは今後発音指導や語彙の拡充を目指した指導を担任と共に進めていきたい旨を伝え、了解を得ることができました。

(2) 継続的な支援

　以後Bさんとは5年間関わってきました。この間、担任は4名替わりましたが、次の事項について毎年その年の担任と共に進めてきました。

① 発音指導

　ほぼ毎週小学校を訪問し、授業の後半15分程度時間をもらい、アドバイザーが発音指導を継続的に行ってきました。発音指導では、息吹きや舌の動きを巧みにするために、玩具やお菓子を使った音声機能訓練から始めました。難聴児は聴児（健常児）と比べて、意識的に息を吹くことや、舌を動かすことの経験不足が考えられるからです。

写真1　口形カード

次に口形カード（**写真1**）を使った母音の練習を取り入れていきました。担任がこれらの指導ができるようになることを目指し、数回練習の様子を見てもらった後、実際に担任にやってもらう時間も設けました。以後母音の練習を継続しつつ、子音の練習も少しずつ取り入れていきました（**写真2**・**写真3**）。

　また、毎年年度の終わりに、20ほどの言葉をBさんが発音する様子をタブレットで録画し、経年的に保存していきました。

② 語彙の拡充と学習指導

　Bさんには語彙の拡充を図るとともに、学年相応の学習指導を進めていくことが大切であることを担任に伝え、その方法として次のアドバイスを行いました。

写真2　アドバイザーによる発音指導場面

写真3　担任による発音指導場面

アドバイザーからの助言

ア　日記（絵日記）の継続

　低学年時は文を書くことに慣れることを主眼として、短い文でもよいので続けることが大切です。学年が上がるにつれて、５Ｗ１Ｈ（いつ、どこで、誰が、何を、なぜ、どのように）を意識した文章を書けるように指導を進めます。日記（絵日記）指導は、単に言葉の指導にとどまらず、Bさんが書いてきた日記（絵日記）を基に言葉のやり取り（話を膨らませること）が大切です。

イ　環境整備の内容・（教室掲示）の工夫

　難聴児は、授業で学習した内容をその場で「わかった」と言っていても、すぐに忘れてしまうことが多いです。視覚優位な児童が多いからこそ、学習内容を常に目にし、振り返ることができる教室掲示を工夫することが大切です。児童は見てないようで、必ず見ています。絵を多用したり、クイズ形式にしたりする工夫も必要です。また、掲示物を全て指導者が作るのではなく、時にはBさんとともに作ることも一方法です。

ウ　言葉の意味の確認、漢字にふりがな付記

　教科書に出てきた言葉や学校生活で使っている言葉について「○○って何」のように尋ねて、Bさんの言葉で説明させてください。また、難聴児は「しぜん」を「じぜん」のように漢字を誤って読んでいることがあります。新出漢字のみならず、既習の漢字や当然

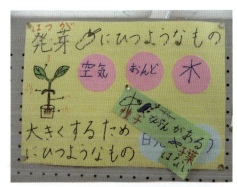

写真4　漢字にふりがなを付記する活動

知っているだろうと思われる言葉の読みについて、確認をすることが大事です。児童にふりがなを書かせる活動を取り入れることで、指導者側もどこで間違えているのかがわかります（**写真4**）。

エ　普段の生活の中にこそ豊富なネタ

　言葉の指導は、国語や自立活動の時間だけで行うものではありません。むしろ何気ない普段の学校生活の中にこそ、指導したい言葉があふれています。Bさんとのやり取りを大切にし、この子はこの言葉がわかっていないなと気づく感性が大切です。復唱させるのも方法です。何度も繰り返して指導することで定着につながります。難聴児の言葉の指導は、根気のいる息の長い取り組みです。

③聴覚管理

　Bさんは人工内耳を装用しています（**図1**）。日々の聞こえの確認や電池の有無の確認が必要であることを担任に伝え、実践してもらいました。また、学校での体育（プール指導、マット運動等）の授業時、あるいは泊を伴う校外行事（キャンプ、修学旅行）での管理の仕方については、担任のみならず、関わる指導者全員が知っておく必要があります。担任を通して他の先生方にも周知してもらうことを提案しました。同時に、将来を考えると、本人が管理できる力をつけてい

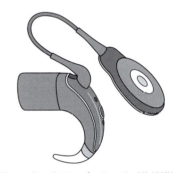

図1　人工内耳　プロセッサ（体外機器）

くことが必要です。低学年から自立活動の時間等で取り上げ、指導・支援することが大切であることも伝えました。

4　事例考察

　Bさんとは5年間関わってきました。入学当初ほとんど声を出して話すことができなかったBさんが、まだ苦手な音はあるものの、現在は音声によるコミュニケーションができるようになってきました。保護者からも「家でもよく話をしています。一番喜んでいるのは兄かもしれません」などという話を聞くことができました。このことはBさん自身の努力や保護者の協力はもちろんですが、これまでの担任の先生方による日々の指導・支援の成果と捉えることができます。関わってきたアドバイザーとして、Bさんの成長を担任と共に確認できることは喜びでもあります。高学年になったBさんにとって、今後は進路の問題や心の問題も出てくることが予想されます。その時その時のBさんに寄り添ったアドバイスを担任や学校に行っていきたいと思っています（**写真5・写真6**）。

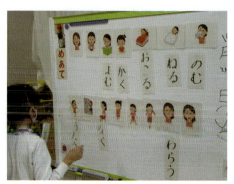
写真5　言葉の学習場面

写真6　社会科学習

> **担任からのコメント**
>
> 　アドバイザーの先生に来ていただいたときは、ひっついたり大声で笑ったりと大喜びでした。普段とはまた違った姿を見られる時間です。今年度も、授業などのアドバイスをいただきながら、発音練習を中心に行っていただきました。Bさんには、最低限の基礎学力をつけることが大事だとご指導いただいています。その中で、理科や社会を頑張っていますが、どこまでBさんが理解しているか不安でしたがアドバイスをいただいてからは、迷いなく授業ができるようになりました。発音練習も、自分では気づけないことばかりで、ご指導いただいたことを意識しながら、Bさんと一緒に発音練習に取り組むことができました。また、Bさんのコミュニケーションに関するご指導もたくさんいただき、普段から繰り返し行っていくと良いことなどを実行していきました。できるようになったことや、Bさんの成長を報告することが楽しみでした。Bさんや私自身の精神的な柱であるアドバイザーの先生には、これからもご指導をお願いしたいと思います。

（早野　正）

参考文献・引用文献

文部科学省（2020）「聴覚障害教育の手引－言語に関する指導の充実を目指して」ジアース教育新社
文部科学省（2022）「障害のある子供の教育支援の手引～子供たち一人一人の教育的ニーズを踏まえた学びの充実に向けて～」ジアース教育新社

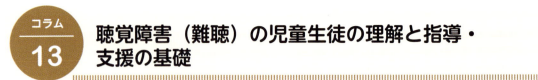

コラム13 聴覚障害（難聴）の児童生徒の理解と指導・支援の基礎

❶ 聴覚障害とは

　聴覚障害とは、身の回りの音や話し言葉が聞こえにくかったり、ほとんど聞こえなかったりする状態をいいます。聴覚障害は、原因となる病変が聴覚組織のどこで起こっているかによって大きく3つに分けられ、外耳から中耳にかけての障害による難聴を「伝音性難聴」、内耳から聴神経にかけておよび脳の障害による難聴を「感音性難聴」、伝音性と感音性の両方の原因が見られる難聴を「混合性難聴」といいます。デジタル補聴器の普及や人工内耳装用等により、以前より聞こえの保障がなされています。

❷ FM補聴システムと文字起こしアプリの活用

　教室での聞こえの不自由さを軽減する方法の一つに「FM補聴システム」があります。教師の声がマイクを通してダイレクトにFM電波で人補聴器や工内耳に届くものです。最近はBluetoothや Wi-Fiなどで通信するロジャーマイクが多く使われています。FM電波の代わりに2.4GHz帯のデジタル無線方式を用いているため音質が向上しています。さらに、タブレットやスマートフォンで利用できるUDトークなどの音声文字起こしアプリを使用することで、音声をリアルタイムに文字化し、視覚的にとらえることができるようになってきています。今後このようなICT機器を活用した支援がますます大切になります。

❸ 聞こえについて

- 同じ聴力レベルであっても、実際には低音が苦手な子供、高音が苦手な子供と様々です。そのため、必ずオージオグラムで確認する必要があります。
- 生育歴から失聴時期、補聴機器（補聴器や人工内耳）の装用時期を確認するとともに、医療機関とのかかわりを確認するとよいです。

❹ 補聴機器の管理について

- 幼児期や低学年時は、保護者や指導者が一緒に管理を行うことが必要です。
- 学年が上がるにつれて自分で管理ができることを目指すことが大切です。
- 補聴器や人工内耳は精密機器であり、水に弱いです。また人工内耳装用児は頭部への強い刺激や静電気を避ける必要があります。専門機関での定期的な保守点検も必要です。

❺ 学校生活で関わる者として

- 発音指導は一朝一夕で成果が出るものではありません。短時間でよいので継続的な指導

が大事です。その際苦手な音のみにこだわったり、長時間の発音練習を行ったりすることは避けるべきです。褒めることを心がけ、子供のやる気を高めることが大切です。
- 難聴の子供に「わかった？」「聞こえた？」という問いかけは意味がありません。何がどうわかったのか（伝わったのか）を確認することが大事です。
- 視覚的な教材が理解の助けとなります。
- たくさん話しかけ、言葉によるやりとりが大切です。その際、一問一答の問いかけではなく、「どうして」「どう思ったの」のように考えて答えるやりとりが大切です。
- 「ここがわかっていないな」のようなつまずきがわかる感性が指導者に求められます。

❻ 進路について

- 特別支援学校（聾学校）高等学校、大学、大学院への進学、企業への就職、福祉的就労等、難聴の子供の進路は多岐にわたります。
- 難聴者であっても、基礎学力と人間性（社会性）が求められていることは聴者と同じです。

❼ 発音指導で使った玩具、お菓子の一例

ミルクせんべい、チョコ

吹きあげ

吹き戻し

ストロー

表1　身体障害者障害程度等級表（聴覚障害）

2級	両耳の聴力レベルがそれぞれ100デシベル以上のもの（両耳全ろう）
3級	両耳の聴力レベルが90デシベル以上のもの（耳介に接しなければ話声語を解し得ないもの）
4級	1　両耳の聴力レベルが80デシベル以上のもの（耳介に接しなければ話声語を理解し得ないもの） 2　両耳による普通話声の最良の語音明瞭度が50パーセント以下のもの
6級	1　両耳の聴力レベルが70デシベル以上のもの（40センチメートル以上の距離で発声された会話語を理解し得えないもの） 2　一側耳の聴力レベルが90デシベル以上、他側耳の聴力レベルが50デシベル以上のもの

出典：厚生労働省HP「身体障害者障害程度等級表（身体障害者福祉法施行規則別表第5号）」より引用

（早野　正）

参考文献・引用文献

文部科学省（2022）「障害のある子供の教育支援の手引～子供たち一人一人の教育的ニーズを踏まえた学びの充実に向けて～」ジアース教育新社

厚生労働省HP「身体障害者障害程度等級表（身体障害者福祉法施行規則別表第5号」https://www.mhlw.go.jp/bunya/shougaihoken/shougaishatechou/dl/toukyu.pdf （閲覧日：2024年12月17日）

3 | 知的障害の子供の理解と支援

事例3-1 小学校特別支援学級（知的障がい）に在籍する Cさんへの支援

1 事例の概要

（1）相談に至った経緯

　重度の知的障がいのある児童の指導・支援についてはこれまで経験がない担任の先生でした。学校としても十分なサポートが難しいと判断されたことによりアドバイザーの訪問相談支援を受けることになりました。Cさんが小学校1年生のときから2年間に渡って担任支援を行ってきた事例です。

（2）Cさんのプロフィール

- 小学校2年生特別支援学級（知的障がい）在籍のCさん。
- 自閉スペクトラム症で、療育手帳Aの重度知的障がいの子供です。
- 新版K式発達検査（小学校1年生入学時）では、認知・適応指数33（2歳1月）、言語・社会指数31（2歳0月）でした。

2 Cさんのアセスメントと担任へのサポート方針・サポート経過

　アドバイザーの授業参観時には、授業が始まっても、10分も教室にいることは難しい様子でした。課題の途中でも、机から離れて動き回ったり、おもちゃで遊んだりしていました。自分でドアを開けて教室の外に飛び出してしまうことが度々ありました。外遊びが大好きで、教室に戻るよう言葉をかけてもその場で寝転がったり、対応する担任をつねったり叩いたりして、素直に応じることが難しい様子でした。以下、アドバイザーによる子供のアセスメントの結果です。

（1）コミュニケーション能力

　発語がほとんどないため、コミュニケーションに困難が見られました。ジェスチャーや表情で訴えたり簡単な英単語を使って意思表示をしたりすることができました。

68

(2) 学習習慣と活動

　椅子に座っての学習に慣れておらず、教室内での活動よりも外遊びを好むため室内での長時間の集中は難しい様子でした。また文字を書くことが難しいので、動画や図、模型などの視覚的な学習教材を用いた活動が必要な印象でした。

(3) 生活習慣

　給食時に他人の食事を食べてしまう行動があり、食事のルールの理解が難しい様子でした。好きなものだけ食べる傾向があり、食後立ってふらふら歩き回ることが見られました。トイレは排尿、大便の処理ともに問題なく、自立していました。

(4) 移動と身体活動

　衝動的な動きがあるため、移動時には先生と手をつなぐ必要がありました。屋外での遊びが好きで活動的な様子でした。

(5) 認知能力

　数唱はできましたが、数の概念は理解できていない様子でした。

1年生時のサポート

(1) サポート方針

　Cさんが落ち着いて学習できるように、以下の視点で担任をサポートしました。

①刺激を少なくし短時間でも学習に取り組める環境整備（限られた空間、カーテンを閉める、視覚刺激の低減）
②授業に見通しをもたせるために写真や絵カードなどでの視覚支援
③学習する場所とフリースペースの区分の明確化（**写真1**）
④興味・関心のあるキャラクターで意欲の向上を図る
⑤遊びと学習の切り替えを促すタイマー活用

写真1　学習スペース

(2) 変容

①教室の一番後ろの角が学習スペースだということを理解し、課題に取り組めるようになりました。15分程度で三つの課題に取り組むことができるようになりました。
②課題を見通すスケジュールボード（**写真2**）を提示して、終わったら一つずつ横にずらしていき花丸を記すようにしました。外遊びが好きで途中で教室から飛び出すことがありましたが、見通しをもって取り組めるようになったことで学習に取り組める時間が確実に伸びてきました。

写真2　スケジュールボード

③学習する場所とフリースペースの区分けをしたことで遊びたいときにはフリースペースに行くようになりました。課題と課題の間に休憩を取るようにしました。タイマーを自分で操作して切り替えの意識をもてるようにしたら、学習に取り組める時間が伸びました。

④取り組む課題の種類が増えました。スポンジや紙粘土で作った小さい破片を箸でつまんで移動する活動をしました。また、文字をなぞる活動にも取り組みました。筆圧が弱いためペンを使って太く書くことで、意欲的に取り組めるようになってきました。

(3) 1年時のまとめ

①授業中に20分間休憩を取り入れながら、教室にいることができるようになってきました。

②授業中の休憩時間が減りました。

③課題を見て、一人で取り組める時間が増えました。

④教師や学級運営補助指導員とコミュニケーションがとれるようになって、かなり癇癪（かんしゃく）が減りました。

⑤「できたらご褒美」を合言葉に課題に取り組む種類や時間が1年間で大幅に向上しました。

2年生時のサポート

(1) サポート方針

1年時のサポート方針の①から⑤については、継続して取り組むこととしました。さらに、2年生では、「⑥新たに座って文字を書く練習」を追加することにしました。他の児童と同じ学習スペースで座って活動することを目標として掲げました。

(2) 変容

①4月

教室の片隅で壁に向かい、立った状態で学級運営補助指導員と一対一で学習に取り組んでいました。椅子を用意すると椅子に上がってしまい集中できなくなります。取り組むまでに寝転んだりおもちゃで遊んだりしていましたが、学級運営補助指導員が上手に促したり本人と折り合いをつけたりすることで、自立課題に取り組めるようになってきました。

　ア　紙粘土で作った4色の丸い球を介助箸でつまんで同じ色の箱に入れる活動（**写真3**）。最初は口にもっていく仕草がありましたが、学級運営補助指導員の「口に入れないでね」という指示に応じられるようになりました。左手で球を持ってから箸でつまみ

写真3　箸を使った手指活動

同じ色の箱に入れる活動はできるようになりました。
イ　色付きの洗濯ばさみを紙皿に挟む活動（**写真4**）。紙皿には丸い色の印が示してあります。色のマッチングはよくできました。
ウ　ボルトナットのはめ外し課題。大き目のボルトからナットを外したりはめたりする活動です。器用に指先を使って回すことができました。
エ　型はめ課題。問題なくできました。
オ　ひらがなのなぞり書きの活動。立ったままの状態でのなぞり書きです。立って書くのは姿勢が不安定で、書きにくそうにしていました。

写真4　洗濯ばさみを使った手指活動

> **アドバイザーからの助言**
> - 課題はよく取り組めている。少しずつ課題をレベルアップしていくことが必要です。課題の内容を変えていくことで意欲が高まります。
> - 課題を入れるロッカーには他のおもちゃなどもあり、散乱しているので整理してほしい。自分で取り出し片付けまで行えるとよい。
> - 学級運営補助指導員は、つねられたり抱きつかれたりしているがタイミングよく声をかけたり受け入れたりと対応が上手である。
> - 文字を書くときは座って書くようにしたらどうか。

②5月

　タブレットの動画を見ていて、好きなキャラクターが表示された場面で動画を止める操作ができました。また、言葉を話すことができるので、コミュニケーションが取れるようになると言葉が伸びる可能性があると感じられました。興味関心のある動物などの名前カードを選ぶことができました。

> **アドバイザーからの助言**
> - 語彙力があり、さらに言葉の理解を深めるために、何色を選択しているか音声と色のマッチングに取り組ませたらどうかと伝えました。
> - 4色の球を箸でつまみ、器に移す学習では、つまみやすい大きな球から始めたらどうかと伝えました。また、左手の指先で球をつまんでから箸で持ち直していましたので、器の球を直接箸でつまむようにしたらどうかと提案しました。
> - 座って文字を書いてほしい。
> - 確実性に欠けるのでどの字が読めるのかを50音図を基準にして分析しましょう。その上で、物・数字・色・音を確認しながら言葉を覚える工夫をしたらどうでしょう。

③6月

　算数の授業を参観しました。「1．色のマッチング　2．文字を書く　3．言葉ならべ　4．くだものマッチング　5．タブレット」の流れで学習を行っていました。

　教室の後方で、担任と一対一の授業でした。Ｃさんの障がい特性を踏まえてとても良い対応をされていました。目線や褒める、言葉がけ等、前回よりも上手になってきていました。Ｃさんは最初の課題に取り掛かるまでの時間がかかりましたが、担任が上手に対応して進めることができていました。絵カードと文字カードとのマッチング能力が向上してきました。援助依頼もしっかりした声で担任に伝えられるようになりました。物の名前、言葉の理解に意欲的で、言葉の理解が進んできています。

> **アドバイザーからの助言**
>
> 　成長がうかがえます。家庭でも視覚支援の絵カードなどを使っているので、学校と家庭でできれば同じ支援方法で対応していってほしい。

④9月

　体育の授業「バトンパスをしよう」を参観しました。「1．集合整列挨拶　2．準備運動　3．3分間走　4．徒競走　5．輪をもって走ろう　6．応援　7．集合整列挨拶」の流れで学習を行っていました。

> **アドバイザーからの助言**
>
> - 運動場のどこに集合するのか（場所）を明確に示す。
> - 本時の授業内容に見通しがもてるようにホワイトボードや紙に書いて示すなど手立てが必要です。
> - 始まりと終わりを明確に。3分間完走の目標を示す。評価をしましょう。
> - 徒競走の練習で本番と同じように白線を引きましょう
> - 事前に何回走るか本人に伝えましょう。バトン代わりの輪がたくさんあったので一人一つずつ持たせても良かったと思います。整理運動は必ず行いましょう。

⑤11月

　算数の授業を参観しました。「1．かたはめ　2．数字を書く　3．かずならべ①　4．かずならべ②　5．三角タングラム」の流れで学習を行っていました。

　今まで教室の後方運動場側で囲いを設けて学習場として設定していましたが、落ち着いて学習に取り組める時間が長くなったことで、自席で学習することにしました。視覚支援や衝立などの配慮は

写真5　学習スペース

継続していました（**写真5**）。これまでよりも離席しやすくなる状況でしたが、一旦席を離れても、自席に戻って学習しようとする意欲が高まってきていました。そこで自席での学習を続けていくことになりました。

　また、数字・数唱・具体物の関係をどれほど理解しているか、確認したところ10までの数唱はできていました。数字と具体物の関係が理解できていないことがわかりました。

アドバイザーからの助言

- 好きな具体物を模型などで用意する。
- 学級運営補助指導員の言葉がけの多さが気になります。これ以上言葉がけが多くならないようにお願するとよいです。
- 以前に比べ、学習しようという意欲が高まってきています。担当する先生方が児童の行動を理解しようとして熱心に関わってきた成果だと思われます。運動会などへの参加も1年生の時とは全然違う様子に保護者の方も喜んでいます。
- いろいろなことができるようになると教員は課題の難易度を上げようとします。知的障がいの子供の特性を踏まえた手立てや支援をするとよいです。

3 事例考察

　担任は、アドバイザーからのアドバイスを素直に受け入れ、それを実際の指導場面に生かして実践してきました。教材の精選や環境整備、さらに言葉のかけ方など、知的障がいの特性に応じた指導がCさんの成長につながりました。訪問相談にうかがったときには、都合がつく限り校長先生をはじめ管理職の先生方と面談させていただき、担任の指導や児童の変容について共通理解を図ってきました。このことは指導する担任の心強い支えになっていたと思われます。

（榊原　暢広）

コラム14 知的障害の児童生徒の理解
―知的機能の遅れと適応行動の困難さ―

知的障害の定義としては、次の3点があげられます

1 知的機能の発達に明らかな遅れがある
- 同年齢の児童生徒と比較して平均的水準より有意な遅れが認められる。
2 適応行動の困難性を伴う状態である
- 他人との意思疎通、日常生活や社会生活、安全、仕事、余暇利用などの領域における困難さが見られる。
- 実際の生活に支障をきたしている状態である。
- 伴う状態は「知的機能の発達に明らかな遅れ」「適応行動の困難性が両方同時に存在する状態を示す。
3 発達期に起こるものである
- 胎児期、出生児、出生後の比較的早い時期に起こる。
（成長期は、おおむね18歳から22歳とされている）

知的機能は、知能検査などで知能指数として測られます。

また、適応行動の困難さは、①概念的スキルの困難性（言語理解や言語表出能力などの「言語発達」と読字や書字、計算、推論などの「学習技能」）、②社会的スキルの困難性（友達関係などの「対人スキル」と社会的ルールの理解や集団行動などの「社会的行動」）、③実用的スキルの困難性（食事や排泄（はいせつ）、衣服の着脱、清潔行動などの「日常生活習慣行動」と買い物や乗り物・公共機関の利用などの「ライフスキル」、協調運動や運動動作技能、持久力などの「運動機能」）の3つがあげられます。これらは日常生活を送る上での知的障害の子供が抱える困難さであり、知的障害教育では、知的機能の遅れだけに注目するのではなく、日常生活での困難さに着目し、日常生活を豊かにするための指導・支援をすることが重要です。

これら適応行動の実態を把握するための検査として、「S-M社会生活能力検査（第3版）（日本文化科学社）」があげられます（**写真1**）。教員や保護者が項目にチェックを入れる簡易的な検査です。対象となる子供の全体的な生活年齢・生活指数が算出されるので、生活力を把握することができます。他にも、「身辺自立」「移動」「作業」「コミュニケーション」「集団参加」「自己統制」などの領域ごとの生活年

写真1 S-M社会生活能力検査（第3版）（日本文化科学社）

齢・生活指数も算出されるので、知的障害のある子供の実態把握の客観的な指標として活用できる検査です。小・中学校の教員でも実施が可能なので、参考にしてみてください。

（大山　卓）

参考文献・引用文献

文部科学省（2022）「障害のある子供の教育支援の手引〜子供たち一人一人の教育的ニーズを踏まえた学びの充実に向けて〜」ジアース教育新社
文部科学省（2018）「特別支援学校学習指導要領解説 各教科等編（小学部・中学部）」
日本文化科学社HP「S-M 社会生活能力検査第3版」https://www.nichibun.co.jp/seek/kensa/sm3.html
（閲覧日：2024年12月17日）

コラム15　知的機能
―知能指数IQ：Intelligence Quotient―

　知的機能は知能検査を通して、知能指数IQとして示されます。知能指数IQは100を平均とする指数で表示されます。知能はその年齢人口全体で正規分布をします。IQ85からIQ115までの±15が標準域と言われ、約7割の人がこの範囲に該当します。一方、IQ115以上は高知能と呼ばれ、またIQ70（障害の手帳の基準の多くはIQ75）以下は知的障害と呼ばれます。さらに、IQ70（もしくはIQ75）からIQ85の範囲が境界知能（知的グレーゾーン）と呼ばれ、知的障害に該当しないものの知的機能による学習上の課題を抱えがちなゾーンの子供です。この子供たちは学習上の課題を抱えやすいものの、一見知的な苦手さが周囲から理解されにくく、また公的支援も受けられないため、最近の学校での大きな課題となっています。

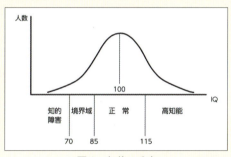

図1　知能の分布

写真2　田中ビネーV知能検査（田研出版）

写真3　WISC-Ⅴ知能検査（日本文化科学社）

　なお、知能指数を測定する代表的な検査としては、田中ビネー式知能検査（田中ビネーⅤ知能検査：田研出版）やウエクスラー式知能検査（小・中学生は主にWISC-Ⅴ：日本文化科学社）が利用されています。いずれも子供と検査者が一対一で実施する個別式知能検査ですが、知能検査によって知能指数の考え方が異なります。ちなみに田中ビネー知能検査では、検査の結果、発達年齢（どの年齢段階の発達状態であるか）が算出されます。

この発達年齢（精神年齢とも言われます）から、

知能指数IQ＝発達年齢（精神年齢）÷生活年齢×100

の式で知能指数が算出されます。WISC-Ⅴにおける知能検査とは異なりますのでご注意ください。

この知能指数IQごとに以下のように知的障害の子供を大きく４つに分類することができます。

```
最重度知的障害    IQ20以下
重度知的障害      IQ21-35
中度知的障害      IQ36-50
軽度知的障害      IQ51-75
```

知能指数だけに注目してはいけませんが、初めて出会う子供のおおよその知的発達実態を把握する際の一つの目安にしていただけるとよいと思います。

（大山　卓）

参考文献・引用文献

文部科学省（2022）「障害のある子供の教育支援の手引～子供たち一人一人の教育的ニーズを踏まえた学びの充実に向けて～」ジアース教育新社
田研出版HP「田中ビネーⅤ知能検査」https://www.taken.co.jp/vinv.html（閲覧日：2024年12月17日）
日本文化科学社HP「WISC-Ⅴ知能検査」https://www.nichibun.co.jp/seek/kensa/wisc5.html（閲覧日：2024年12月17日）

コラム16　知的障害の手帳

障害に関する手帳は、次の３種類があります。まず、身体障害者福祉法に基づく「身体障害者手帳」です。視覚障害、聴覚障害、肢体不自由、内部障害などに関する手帳で、障害の程度に応じて１級から７級まで認定されます。次に、精神保健福祉法に基づく「精神障害者保健福祉手帳」です。精神疾患や発達障害などに関する手帳で、障害の程度に応じて１級から３級まで認定されます。この２つの手帳は、全国的に同一の基準で交付されています。最後に知的障害に関する手帳です。知的障害者福祉法には、知的障害の定義の記載がないため、各自治体が厚生労働省の通知を踏まえて、それぞれ基準や名称を決めて、

手帳を交付しています。多くは「療育手帳」という名称ですが、政令指定都市などは独自の名称で交付されています。例えば、東京都は「愛の手帳」で、名古屋市は「愛護手帳」などとなっています。交付基準は、「最重度、重度、中度、軽度」の４区分や「重度（最重度を含む）、中度、軽度」の３区分にしている自治体が多いようです。また、程度の表記は、「A、B、C」などのアルファベット表記や「１度、２度、３度、４度」などの数字表記などがあります。お住まいの知的障害の手帳がどのような名称・基準で交付されているかを調べてみてはいかがでしょうか。

（大山　卓）

参考文献・引用文献

厚生労働省 HP「障害者手帳」https://www.mhlw.go.jp/stf/seisakunitsuite/bunya/hukushi_kaigo/shougaishahukushi/techou.html（閲覧日：2024年12月17日）

コラム 17　発達に遅れのある児童生徒への性の対応

　知的障害の子供の相談でよくある話題に「授業中にズボンの中に手を入れて性器を触っています、どう対応したらよいですか？」があります。要因として考えられることは、①暇ですることがない。②性器を触っていないと安心できない。③不安、さみしい、欲求不満な状態などが考えられます。さらに成長する時期によって思春期前（小学校低学年以下）の時期では、遊びとしての性器いじりが考えられますし、思春期後（小学校高学年以上）では、成熟による自慰行為、射精が考えられます。対応としては、成長とともに自分の性器を触れたいという欲求は自然なことであるので、興味、関心を他に向ける対応を心がけましょう。気分をかえる言葉がけ、手作業、体全体を動かす活動などが考えられます。難しい場合は、別室移動やタオルをかけるなどを行って、目立たないような対応が必要です。配慮することは、「触ってはダメ」「汚い」と禁止するのではなく、性器は大切な部分で清潔にしたい場所、触ってもよいが、場所や時間を考えて行うように教えることが大切です。

（松川 博茂）

参考文献・引用文献

伊藤修毅（2013）「発達に遅れのある子供と学ぶ性のはなし」合同出版

コラム
18

豊田市の学級運営補助指導員の職務

豊田市では特別支援教育領域において、学級担任を支援する役割として学級運営補助指導員を配置しています。なお、教員免許を所持していないため、学習指導は担当しません。

❶ 配置目的

担任一人では指導困難なとき、落ち着いて授業ができるように学級担任を補助する指導員を配置し、学級運営の改善を図ります。

❷ 主な職務内容

（1）日常生活上の介助

- 基本的生活習慣確立のために食事、着脱、排泄の介助をします。

（2）発達障がいのある児童生徒に対する支援

- 教室を飛び出す児童生徒の安全確保をします。
- 教科書を読み上げたり、筆記通訳をしたりします。

（3）学習教室間移動等における支援

- 車椅子の介助や教室移動が困難な児童生徒の様子の把握と支援をします。

（4）児童生徒の健康、安全確保

- 授業場面での安全確保をします。
- 発作等がある児童生徒の見守りをします。
- 他者への攻撃や自傷等の危険な行動を防止します。

（5）運動会、学習発表会等の学校行事における支援

- 参加が難しい児童生徒への付き添いをします。
- 行事に対する見通しをもたせるための説明をします。

（6）周囲の児童生徒への障がいの理解促進

- 支援や接し方を周囲の児童生徒に伝えます。
- 行動や発言に対して、周囲の児童生徒が理解しやすいように伝えます。

（7）校外学習（遠足・施設見学・小中交流会等）の補助

（木村　豊）

4 肢体不自由の子供の理解と支援

事例4-1 中学校特別支援学級（肢体不自由）に在籍するDさんと中学校への自立活動の支援

1 事例の概要

(1) 相談に至った経緯

特別支援学級（肢体不自由）に在籍する中学校1年生のDさんの指導について、担任の先生より自立活動の具体的な指導プログラムについての訪問相談依頼がありました。

(2) Dさんのプロフィール

身体障がい者手帳1種3級、小学6年時に脳出血による全身の軽いまひのため歩行不安定、移動時には、ヘッドギヤを装着します。地域のクリニックに定期受診してリハビリを実施しています。

2 Dさんのアセスメントと担任へのサポート方針

小学6年の7月に脳出血のために入院治療をし、退院後は、特別支援学校（肢体不自由）に籍を移してリハビリを開始しています。

特別支援学校卒業後は、地元の中学校の特別支援学級（肢体不自由）に進級しました。4月始めは移動時に車いすと直立姿勢と自然な歩行を補助するためPCウォーカーを使い（写真1）、生活全般で介助が必要でしたが、日々リハビリ等の効果があり、衣服の着脱や排泄などかなり自

写真1　PCウォーカー

分でできるようになってきています。姿勢面では、立位の姿勢をとると足首が硬いため、上半身が前傾気味になっています。運動機能面では、歩行に不安定さがありますが、片方の手で体を支えたり、PCウォーカーを使ったりして歩行ができるようになってきています。また手指や口周りの動きにぎこちなさがあり、「道具をつかう」「物をつまむ」「会話をすること」に課題が見られます。生徒の様子を踏まえて自立活動の指導区分として「身

体の動き」を始め「健康の保持」「コミュニケーション」が必要と判断し、その方向で担任を支援することとしました。

担任へのサポート経過

　年間を通して9回の訪問相談を重ね、授業参観をするとともに担任との懇談を通して日々の授業等での振り返りや課題を共有してきました。

> **アドバイザーからの助言**
> - 緊張している関節のゆるめ方、動作学習の習得、バランスの良い動きの獲得、体力づくり、社会性やルールづくりについてDさんへの指導実践の情報を共有しました。
> - 自立活動へのアドバイスについては、6区分27項目を踏まえて主に指導区分の「身体の動き」「健康の保持」「コミュニケーション」についての効果的な支援方法や指導の振り返りを担任と共有しました。

●自立活動の指導区分から見た指導内容例
(1) 身体の動き
①姿勢と運動・動作の基本的技能に関する学習

　硬くなった関節をゆるめることをねらって、手指や下肢の曲げ伸ばしを行いました（**写真2・写真3**）。

　ボールを使った活動では、ボールキック、キャッチボール、ゴールシュートを通して目と手足の協応動作を高めることをねらいました（**写真4・写真5**）。

　身体の緊張をゆるめたり、関節の可動域を広げたりするためにストレッチ運動を毎日実施しました（**写真6**）。

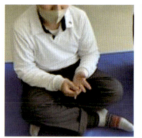
写真2　手指のゆるめ

写真3　下肢のゆるめ

写真4　ボールキック練習

写真5　シュート練習

写真6　ストレッチ運動

②**日常生活に必要な基本動作の学習**

　手指の巧緻性を高めるためにリコーダーの練習やハサミを使用してのアルバム作りを行いました（**写真7**）。

写真7　アルバム作り

③**身体の移動能力に関する学習**

　筋力や持久力を高めたり、下半身の可動域を広げたりするためにつま先立ち練習、歩行練習や階段昇降を行いました（**写真8・写真9**）。

写真8　つま先立ち練習　　写真9　歩行練習

(2) 健康の保持

①**生活のリズムや生活習慣の形成に関する学習**

　規則正しい生活を送るために食事、睡眠、排泄、歯磨き等の学習について、毎日時間を決めて継続しました。自分自身の身体各部の状態の理解と健康に関する関心を身につけるために、毎日の健康確認を行いました。

(3) コミュニケーション

①**言語の形成と活用に関する学習**

　コミュニケーションの基本的な姿勢が身に付くように、毎日朝の会において、家の出来事を発表したり、担任からの質問に答えたりする時間を継続的に設けました。

②**状況に応じたコミュニケーションに関する学習**

　コミュニケーションのソーシャルスキル力を高めるために日常生活や学校生活でのルールに関するソーシャルスキルカードを活用しました（**写真10**）。

写真10　ソーシャルスキルカード
出典：「状況の認知絵カード1」エスコアールより引用

事例考察

　Dさんは、退院後、かなり運動機能が回復してきました。例えば、「トイレが一人で行うことができるようになった」とか「階段昇降も担任が横に付き添いながら1階から4階までを昇降することができるようになった」、また歩行練習についても「前期は手を添えて介助していたが、2月頃からは、介助の手を放して一人で歩行することができてきた」と改善の様子が伝わってきています。保護者も協力的で、下校後にプールやリハビリに連れていき、身体改善を図っています。

生徒・職員の変容
　月1回のアドバイザーによる巡回訪問相談に行く中で、「身体の動きについて」や「指導の進め方について」など、日々課題をもって授業実践に取り組んでいる担任の姿勢が見られました。
　Dさんは、今回、脳出血治療後で、全身の動きが思うようにいかないところから相談が始まっています。そのため、少しでも意図的に動けるようになることをねらって支援を進めていきました。始めにPCウォーカーを使用して歩行訓練を継続的に行い、さらに階段昇降も担任が横に付き添う中、校舎の1階から4階までの往復を日々行ったことで次第にバランスと体力を身につけていったと思われます。体のぎこちなさの改善に、ボールを使った活動としてサッカーボールによるキック練習やバスケットボールによるシュート練習などを取り入れたことで、少しずつバランスの良い動きが見られるようになってきました。手指の巧緻性を高めるために、ハサミを使って、写真の切り取り作業を行うアルバム作りを取り入れたことで、少しずつ線に沿って丁寧に切れるようになってきています。身体への気づきの指導としては、姿勢の確認、体ほぐし、指先を使った活動などを運動の前に取り入れたことで、各運動がよりスムーズに取り組めるようになってきています。生徒間のやり取りで言葉遣いによる問題が生じたため、指導にあたって、ソーシャルスキルカードを使い、「場に応じた言葉遣い」や「相手の表情や気持ち」を学ぶことで、「相手に、嫌な言葉がけをしない」ことに気づくことができました。

担任からのコメント

　今年度より特別支援学級の担任になり、肢体不自由の生徒と今まで関わったことがなかったため、「生徒のために何をやったらよいか？」「リハビリは何をやったらよいか？」など不安や疑問がたくさんありました。毎月のアドバイザーの訪問相談で一つ一つ丁寧にリハビリの方法や指導支援の仕方などを紙面や実際にやっていただく中、疑問が解決できた有意義な時間となりました。

（松川 博茂）

参考文献・引用文献

ことばと発達の学習室 M（2021）ソーシャルスキルトレーニング絵カード「状況の認知絵カード1」エスコアール

事例4-2　複数の児童がいる小学校特別支援学級（肢体不自由）に在籍する重度な知的な遅れがあるEさんと学校への支援

1　事例の概要

(1) 相談に至る経緯

　Eさんの小学校入学に伴い、すでに肢体不自由の子供が在籍している特別支援学級（肢体不自由）に入級することになりました。2名の児童が在籍することになるため、学級運営補助指導員が支援に入ることになりました。担任のみならず、学校全体で、重度の肢体不自由児に対する指導経験がないことから、学習指導や生活面での指導支援方法について、入学前年度からアドバイザーへの訪問相談依頼がありました。小学校入学前に豊田市こども発達センターの児童発達支援センター（通園部門）に在籍していたため、定期的に関わってきた保育士、作業療法士にも訪問してもらい、本人の成長を促すための支援方法の確認をしていきました。

(2) Eさんのプロフィール

　運動発達遅滞（起立位保持困難）。口唇口蓋裂（こうしんこうがいれつ）。身体障がい者手帳1種2級。知的障がいで療育手帳A。生活全般で介助や見守りが必要でした。食事は一口大に細かくする必要がありました。言語は、意味のある言葉はほとんど話すことができませんでした。自分で歩くことができましたが不安定で、手すりがあれば階段の上り下りは何とかできました。担任は、小1、2年時は同じ担任の先生でした。

2　Eさんのアセスメントと担任へのサポート方針

　アドバイザーが小学校を訪問し、Eさんの様子を観察しました。毎日のルーティンの活動は理解できていましたが、机上の学習はなかなかできません。学級では、補助椅子（**写真1**）に座って学習しています。

　移動は、目的の場所まで一人では行けないので、介助する人が必要でした。給食時は、担任に一口大にしてもらった食物を自分でスプーンを使ってすくい、口へ運んで食べていました。ただ、長続きせず、途中からは、担任に口に運んでもらって食べていました。学校での排泄は、多目的トイレ（**写真2**）を利用し、便座に座って排尿する練習をしていま

写真1　補助椅子の利用

写真2　トイレの工夫

した。定時にトイレに行っていますが、尿が出ることはほとんどありません。

　担任へのサポートとして、1年時の4月は、週に1回継続的に訪問し、困っている内容をその都度解決していきました。5月以降は、月に1回程度学校に出向き、学習上及び生活上の課題を解決していきました。また、豊田市こども発達センターの保育士、作業療法士に年に3回訪問してもらいました。それは、現在でも続いています。

3　担任へのサポート経過

(1) 出会い

　入学前の11月に豊田市こども発達センター内の児童発達支援センターを訪問し、食事、排泄状況、園生活の状況を観察させてもらいました。そこで、口唇口蓋裂のため、口をうまく閉じられないために、咀嚼（そしゃく）することが難しいこと、水分をとろうとしないこと、トイレでの排泄がほとんどないこと、みんなが集まる場所にはなかなか馴染めないことを知ることができました。

(2) 支援体制の整備

　さらに、2月になり、Eさん、保護者、学校（校長、教頭、教務主任）と豊田市こども発達センター（保育士2名、作業療法士）、豊田市青少年相談センター（指導主事、アドバイザー）で就学に向けての話し合いを行いました。主にEさんの動線を予想し、状況の確認、机や椅子・トイレ・下駄箱の確認、食事形態の確認を行いました。

　3月に入り、学校（校長、教頭、教務主任）と豊田市こども発達センター（保育士、園長）、アドバイザーで学校生活と園生活のすり合わせを行いました。主な内容は、学校で使用する補助具（スプーン、フォーク）の使い方、好きな遊具（トランポリン、ブランコ）の遊び方、お手伝い的な活動が好きなこと、集中時間の短さを確認しました。

（3）継続的な支援

　以後Eさんとは2年間関わっています。この間担任の先生は代わっていません。以下の事項について、それぞれ担任と話をし、支援を続けていきました。ただ、2名の肢体不自由児が在籍している特別支援学級なので、担任と学級運営補助指導員の役割分担が重要になっています。

① 学習内容の組み立ての支援

　学校施設の整備については、ほぼ2、3月の打ち合わせで確認していたので、学習内容をどのように組み立てていくのかが主な課題となりました。

　自立活動「身体の動き」の内容及び日常生活指導の内容の確認から進めていきまし

写真3　あぐら坐位学習前　　　写真4　あぐら坐位学習後

た。「身体の動き」については、最初に身体接触をする際に警戒心を除くために手、足のマッサージを行っていきました。次に、あぐら坐位での骨盤の動き（**写真3・写真4**）、膝立ち位での股関節前部の動き（**写真5・写真6**）、立位姿勢での足首、膝、股関節の動き（**写真7**）を確認しました。それぞれの身体各部位の硬さは見られませんが、動かし方の不十分さがあるために、歩行動作が不安定なことが示されていました。

写真5　膝立ち位学習前　　　写真6　膝立ち位学習後　　　写真7　立位学習後

② 学級運営補助指導員のかかわりの共通理解

　入学式前日に担任、学級運営補助指導員、Eさん、母親とアドバイザーで話をしました。具体的な内容は、入学式を行う体育館の場所慣れ、1週間の流れの考え方、担任、学級運営補助指導員の授業への入り方でした。特別支援学校（知的障がい校、肢体不自由校）の教育課程を参考に授業を組み立て、担任と学級運営補助指導員の役割分担を行いました。

その後の月に１回の訪問相談では、授業１コマの授業参観及び担任及び学級運営補助指導員との懇談を行っていきました。学級運営補助指導員が懇談に出られる時間は限られていましたが、授業でのお互いの具体的な支援の入り方について確認をしていきました。二人の児童が肢体不自由学級にいるため、Ｅさんが主たる課題を行うときは、なるべく担任が直接かかわるような配慮がされるように工夫されていることが多かったです。ただ、担任のみならず学級運営補助指導員も必ず配慮事項等が共通理解されるようになっていました。

③ 豊田市こども発達センターとの連携

　豊田市こども発達センターからは、作業療法士、保育士が年に３回学校を訪問し、具体的な支援の仕方について、担任にアドバイスをしています。作業療法士は、主に日常生活で使う機器・器具についてのこと、保育士は、日常生活での課題が主なアドバイス内容でした。

　特に給食時の支援の仕方については、重要なポイントでした。こども園卒園時に、「離乳食後期の段階であること、刻み食と食材を柔らかくした物の二つの形態を出してきたこと、グリーンピース、コーンは除去していること、繊維質の物はより細かく刻んでいること、舌を使って左右に食物を送って噛むことはできるが臼歯（きゅうし）ですり潰すことはできないこと、１cm角に食物を刻めばほぼ食べられること」を保育士から伝えられ、対応していくことから始めていきました。Ｅさんに対しては、保護者も学校に慣れることを第一優先にするために、給食開始は、ゴールデンウィーク後から行うことになりました。

4　事例考察

　アドバイザーとしてのＥさんとのかかわりは、入学前の３月からとなります。入学時からは考えられないような成長ぶりを見せています。こども園の様子を知っている豊田市こども発達センターの先生方からは、驚きの成長であることが伝えられました。具体的には、歩行が安定してきたこと、二人の児童がいる学級で、机上の学習ができるようになってきたこと、学校内で行けない場所が少なくなってきたこと、自分でスプーンやフォークを使って食べられる時間が長くなってきたことがあげられます。しかし、排泄については、洋式の便器には座ることは嫌がらなくなりましたが、座るタイミングで、排尿ができないことが課題となっています。今後は、食事、排泄、衣服の着脱において、支援者が少しの援助でできるようにしていくことが必要だと感じています。

　Ｅさんの将来像は、支援者がない状態で過ごすことは難しいです。そのことを踏まえた的確な指導がＥさんなりの自立した生活につながっていくと思います。

（木村　豊）

事例4-3 小学校特別支援学級（肢体不自由）に在籍するFさんと学校への自立活動の支援

1　事例の概要

(1) 相談に至った経緯

　小学校の特別支援学級担任から、「体幹が不安定のため転倒することがあったり、動きのぎこちなさがあったりします。また衣服の着脱は、できるが時間がかかる中、身体面での柔軟性や体幹を強くする運動方法、前傾姿勢を改善するための方法、読み書き等の指導方法、自分の気持ちを言葉にする方法を相談したいです。」と指導についての相談があり、アドバイザーが訪問相談を開始しました。

(2) Fさんのプロフィール

- 特別支援学級（肢体不自由）に在籍する小学校4年生のFさん。
- 肢体不自由、軽度知的障がい（療育手帳C）です。弱視、斜視あり。ヘッドギヤを装着し、豊田市こども発達センターに定期受診（小児神経科、整形外科、年に2回眼科）しています。月に1回成長促進のためのホルモン注射を行っています。

2　Fさんのアセスメントと担任へのサポート方針

　授業を参観しながらFさんの実態を確認して、自立活動の指導項目の確認を担任の先生とともに共有していきました。

　姿勢面では、立位の姿勢をとると上半身が前傾気味になるとともに、下肢については、膝が屈曲し、足が尖足（せんそく）する状態になっていました。運動機能面では、重心に不安定さがあり、転ぶことがあります。また手指や口周りの動きにぎこちなさが見られるために、文字を書く、物をつまむ、会話をすることに課題が見られました。

　Fさんの様子を踏まえて、自立活動の指導区分として「身体の動き」「コミュニケーション」について主に動作法の視点から担任を支援することとしました。

3 担任へのサポート経過

(1) 担任の質問へのアドバイス
担任からは、関節の緊張のゆるめ方、動作法の習得、バランスの良い動きの獲得などの質問があり、一緒に動作法の方法や情報を共有しました。

(2) 自立活動の指導内容についてのアドバイス
自立活動の指導内容の6区分27項目を踏まえて効果的な支援方法や指導の振り返りを担任、支援者（主に学級運営補助指導員）とともに以下の支援の視点を共有しました。

① 身体の動き
- 手を温める、日めくりを破ってまるめる活動（**写真1**）、ストレッチ（**写真2**）、マッサージ、予定表書き
- 正座の姿勢（**写真3**）、あぐら座の姿勢、（前傾姿勢の改善）上肢の伸展
- 着替え
- 四つん這い歩き（**写真4**）、トランポリン学習（**写真5**）、ハンドクラップ体操（**写真6**：音楽に合わせて手足を使い、飛び跳ねたりするダンスエクササイズ）、ダンス、ギッタンバッコン、ラジオ体操
- 作業的な活動、荷物運び

写真1　日めくり活動

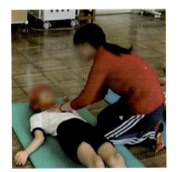
写真2　ストレッチ

写真3　正座の姿勢

写真4　四つん這い歩き

② コミュニケーション
- 基本的な言葉を発声する練習
- 自分の気持ちを言葉にする練習

写真5　トランポリン学習

写真6　ハンドクラップ体操

4　事例考察

　担任からは、Fさんの授業に対する姿勢において、積極的に発言をしたり、授業準備をしたりする場面が多く見られるようになってきている様子を聞くことができました。さらに、学校行事（運動会、学習発表会、マラソン大会）にも積極的に参加できるようになりました。家族総出の授業参観とともに感謝の言葉が担任に届いていると話してくれました。

　アドバイザーも毎月、授業を参観して、Fさんの成長が日増しに見られることができてうれしく思います。Fさんが成長した要因には、常に担任がFさんの障がい特性の理解と課題解決に向けて指導する姿勢、学級運営補助指導員との情報の共有、チームによる支援体制、さらには特別支援教育を推進している学校運営が考えられます。日頃、粗大運動から細かい手指活動までを学習に取り入れて計画的・継続的に行ったことで総合的な体力がついてきています。さらには、荷物運びを運動メニューに入れて生活力のさらなる向上をねらっているところが担任の素晴らしい点です。担任から日々の授業で出てきた質問に「身体の動きについて」、「身体の発達について」、「指導の進め方について」があり、日々課題意識をもって充実した授業展開をしている担任の姿勢が伝わってきます。今後、必要な力として、転んだ際に手を前に出して身を守る力が話題になりました。指導メニューとして大玉やドッジボールを使ってタイミングよく両手を出す練習方法を共有しました。

　Fさんが2年前に入学してきたことで、1名だけの在籍であった肢体不自由学級に2名の児童が在籍するようになりました。Fさんの障がいの状況が常に援助が必要であったため、担任1名での運営は厳しく、学級運営補助指導員が配置されることになりました。そこで、担任と学級運営補助指導員との連携が児童2名の成長に欠かせないものとなりまし

た。担任と学級運営補助指導員という立場の違いはありますが、お互いの役割をうまく理解し児童に対応することができていたことがより大きな成果を生み出すことができたと理解できます。立場を超えた大人の関わりが2名の児童へ良い影響を与えることができた事例となっています。

学校からのコメント

　年間を通して、定期的にアドバイザーによる訪問を受けたことで、担任が自信をもって指導することができました。授業に対するアドバイスをたくさんいただくことができたため、翌日からアドバイスを生かした授業を行うことができました。「身体の動き」を良くするための手立てを教えていただき、大変助かりました。実際に身体の動かし方も見せていただき、勉強になりました。こども園の前担任や豊田市こども発達センターの作業療法士がアドバイザーと連携して訪問していただくことは、児童の成長に大きくつながったと感じています。専門的な視点でアドバイスをいただけることは大変ありがたかったです。

(松川 博茂)

事例4-4 小学校通常の学級に在籍する肢体不自由のGさんと学校への支援

1　事例の概要

(1) 相談に至った経緯

　小学校にGさんが入学することに伴い、初めて肢体不自由の子供が通常の学級に入級することになりました。担任のみならず、学校全体で、肢体不自由児に対する指導経験がないことから、学習指導や生活面での指導支援方法を知りたいと入学前からアドバイザーの訪問相談依頼がありました。

(2) Gさんのプロフィール

- 小学校入学前は地域のこども園に通いながら豊田市こども発達センターで定期的に相談、リハビリを行っていました。
- 四肢欠損。身体障がい者手帳1種1級。学年相当の学習が可能です。
- 学校での学習内容は、学年相当の教科書を使って学習しています。体育については、できる内容を配慮しながら工夫して行っています。
- 担任は、小1、2年時は同担任、3年時に担任は代わり、4年時にも担任は代わりました。

2　Gさんのアセスメントと担任へのサポート方針

　両上肢は全く無いため、書字する際は、左足親指と人差し指で鉛筆や筆を持って学習をしています（**写真1・写真2**）。

写真1　描画

写真2　書道

学級では、一番前の席で大きなテーブルの上に乗って学習しています（**写真3**）。移動は、電動車椅子を自分の左足指で操作することにより行っています。給食時は、学習時と同じように大きなテーブルの上に乗るような体勢で食事をしています。先割れスプーンを左足の親指と人差し指で持ち、口へ運んで食べています。学校での排泄は、多目的トイレ（**写真4**）を利用し、電動車椅子から便座への移動は、低学年の頃は担任に抱きかかえられて行っていましたが、4年生からはなるべく自力でできるように電動車椅子とベッド、便座の高さを同じにして練習しています。

　担任へのサポートとして、1年時の4月は、週に1回アドバイザーが学校を訪問し困っている内容をその都度解決していきました。5月以降は月に1回程度学校に出向き、学習上及び生活上の課題を解決していきました。それは現在でも続いています。

写真3　教室での学習

写真4　多目的トイレ

3　担任へのサポート経過

(1) 出会い、支援の開始

　小学校とのかかわりはGさんの入学前から始まりました。入学前に小学校を訪問し、学校からは校長、教頭、教務主任、豊田市こども発達センターからは主治医、作業療法士、豊田市青少年相談センターからは特別支援教育担当指導主事、アドバイザー、それから両親も参加してもらいGさんへの支援の共通理解を図りました。

(2) 継続的な支援

　以後Gさんとは4年間関わっています。この間担任は3名ですが、以下の事項について、それぞれの担任と話をし、支援を続けていきました。

① 学校施設及び補助具の整備

　校内は、ほぼ電動車椅子で移動するため、電動車椅子が移動しにくい場所の確認から始めました。特にGさんの学校での動線を意識し、よく通る場所の安全性を確認しまし

た。電動車椅子のタイヤをぶつけそうな尖った場所には、柔らかいゴム素材を取り付けるようにしました。さらに、水道の水を出すためのハンドルを足が届きやすいような長い物としました。多目的トイレを使用しやすいような工夫も行いました。着替え用の台の大きさ、電動車椅子から乗り降りがしやすい高さ、水道水での足の洗いやすさ等の工夫を主に行いました（**写真4**）。また、教室内では、学習机の整備が行われました（**写真3**）。他の児童と目線の高さを合わせるための高さの確保はできませんでしたが、机の上に乗って学習できるような机の広さを確保することはできました。

② **教科指導での工夫**

教室内で行う授業内容については、ほぼ、他の児童と同じようにできました。しかし、楽器演奏、教室外で行う授業内容、体育については、担任及び学級運営補助指導員の支援の仕方、補助具の工夫が必要でした（**写真5**）。学校行事の運動会（**写真6**）や持久走大会（**写真7**）についても支援方法及び補助具についての工夫がさらに必要でした。

  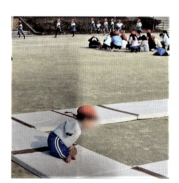

写真5　足指で操作できるリコーダー　　写真6　運動会（歩行器）　　写真7　持久走大会（マット上で動けるコース設定）

③ **学級運営補助指導員のかかわりの共通理解**

通常の学級で学習に対する配慮は、学級運営補助指導員が主に担うことになりました。例えば、電動車椅子と学習机、椅子への移動、トイレでの着替えの補助及び便座への移動、学習中の必要物品の準備等、かなりGさんと密接な関係性を保つことになりました。そのため、かかわり方の工夫や依頼への対応についての距離感を常に担任と共通理解をして行っていくことが必要になりました。時には、Gさんに対して厳しく伝えることも必要になりました。2年間は同じ学級運営補助指導員が担当することになりましたが、3、4年時には、学級運営補助指導員も代わることになりました。そのため、年度当初にはかかわり方に戸惑いが見られたので、Gさんの状況に合わせて具体的なかかわり方、支援の仕方を伝えることが多くなりました。

④ **医療機関（豊田市こども発達センター）との連携**

乳幼児期から、豊田市こども発達センターへ通っていました。そのため、医師、作業療法士、理学療法士とのかかわりが深く、入学前のケース会においても、Gさんの実態を詳

しく伝えてくれました。その後もGさんの身体の様子を確認するために学校長や担任が作業療法や理学療法の訓練の見学に行ったり、医師に注意点を聞きに行ったりという連携が現在も続いています。

4 事例考察

　Gさんとのかかわりは、4年余りとなりました。通常の学級で学ぶ肢体不自由児の授業や日常生活の支援は、担任だけで行うことには無理がありました。そのために、学級運営補助指導員の支援がとても重要でした。さらに、管理職の支援も得られることが必要でした。そのような人的な支援体制をつくることはできましたが、自立活動「身体の動き」に対する支援は、時間割及び人的な配慮ができないため、行うことが不十分でした。このことは、肢体不自由の特別支援学級に在籍する場合との大きな違いでした。今後は、肢体不自由児のための通級による指導の活用も考えていくことが必要になります。

学校からのコメント

　専門的な知識や経験をもとに、担任や学級運営補助指導員に適切な指導や助言をいただき、大変参考になりました。Gさんの様子をよく観ていただき、担任や学級運営補助指導員が気づかないことも丁寧に教えていただき、大変助かりました。Gさんへの指導方法だけでなく、健康に関わることや心の成長についても助言をいただき、指導の参考になりました。専門機関と連携して、学習用具や日常生活で必要となる物など、Gさんがより良い学校生活を送ることのできる手立てを助言していただきました。Gさんが、クラスの一員として、他の児童と同等にできる方法等を教えていただき、のびのびと活動できるようになりました。

（木村　豊）

❶ 肢体不自由の定義

　医学的には、発生の原因の如何を問わず、四肢体幹に永続的な障害があるものを肢体不自由といいます。先天的に四肢体幹の形成が障害されたり、生後の事故によって四肢を失ったりすることなどによる形態的な障害によって運動障害が起こる場合と、形態的には基本的に大きな障害はないものの、中枢神経や筋肉の機能が障害されて起こる場合があります。

❷ 運動障害の発症原因

　脳性疾患、脊柱・脊髄疾患、筋原性疾患、骨系統疾患、代謝性疾患、弛緩性まひ、四肢の変形、骨関節疾患

❸ 主な起因疾患の特徴

(1) 脳性まひ

　脳性疾患で最も多いのは、脳性まひです。脳性まひの定義について一般的に合意の得られている規定要素は、発育過程における脳の形成異常や様々な原因による脳損傷の後遺症という非進行性の脳病変であること、運動と姿勢の異常、すなわち運動機能障害であること、成長に伴って症状が改善したり増悪したりすることもあるが、消失することはないことです。

(2) 筋ジストロフィー

　筋原性疾患で多く見られる疾患としては、筋ジストロフィーがあります。これは、筋原性の変性疾患で、多くの場合進行性であり、筋力が徐々に低下して運動に困難をきたすだけでなく、長期的には、呼吸も困難になっていく予後不良な疾患です。

(3) 二分脊椎

　脊椎脊髄疾患として多いのは二分脊椎です。脊髄が脊柱管の外へ出てしまう先天性の疾患で、神経の癒着や損傷が生じ、様々な神経障害が出現します。また、水頭症をしばしば合併し、脳圧を下げるための手術が必要なこともあります。

❹ 肢体不自由のある児童生徒の教育課程（特別支援学校、特別支援学級）

　(1) 小学校・中学校の当該学年の各教科で編成した教育課程＋自立活動
　(2) 小学校・中学校の下学年の各教科で編成した教育課程＋自立活動
　(3) 特別支援学校（知的障害）の各教科に代替して編成した教育課程＋自立活動

(4)自立活動を主として編成した教育課程

(木村　豊)

参考文献・引用文献

独立行政法人国立特別支援教育総合研究所（2021）「肢体不自由特別支援学級の指導ガイドブック—
日々の指導に活かす肢体不自由教育の基礎・基本—」

コラム 20 肢体不自由教育における自立活動の理念

❶ 自立活動とは

　障害のある子供の生きる力を育み、自立と社会参加を目指すためには、心身の発達段階
だけを考慮した指導や、子供の実態に合わせて環境や手立てを工夫するだけでは十分とは
いえません。特別支援学校の目的が示されている学校教育法第72条に着目してみると、
特別支援学校の目的だけが二段階に分かれて示されていることが分かります。

> 第72条「特別支援学校は、視覚障害者、聴覚障害者、知的障害者、肢体不自由者又
> は病弱者（身体虚弱者を含む。以下同じ。）に対して、幼稚園、小学校、中学校又は
> 高等学校に準ずる教育課程を施すとともに、障害による学習上又は生活上の困難を克
> 服し自立を図るために必要な知識技能を授けることを目的とする。」

　前段部分は「準ずる教育を施す」と記されています。法令上、準ずるとは「同じ」とい
う意味になるので、まず、特別支援学校では、幼稚園、小学校、中学校、高等学校の目的
を達成することが求められることになります。そして、後段の部分に着目してみると、こ
の文言は、幼稚園、小学校、中学校、高等学校の目的には示されていません。特別支援学
校ならではの目的になります。そして、この目的を達成させるために設けられる領域が、
自立活動になります。

❷「自立活動」の前身である「養護・訓練」の成立

　障害のある子供たちの学校教育の歴史を見てみると、自立活動の領域がはじめから教育
課程に位置付けられていたわけではありません。「自立活動」という名称の前は「養護・
訓練」という名称でした。養護・訓練は、昭和46年の学習指導要領改訂時にはじめて法
令の下、領域として教育課程に位置付けられました。養護・訓練成立前の障害の状態を改

善・克服するための指導は、障害のある子供の教育の大切な指導内容とされながらも、各教科等の指導の中で部分的な取り組みであることが多く、系統的・継続的な指導には至っていませんでした（文部科学省，2018）。

❸ 養護・訓練から自立活動へ

養護・訓練成立後、「国際障害者年」、「国連・障害者の十年」、「アジア太平洋障害者の十年」など国際的に障害者に対する取り組みが進められ、障害者の自立が従前よりも広く捉えられるようになってきました。平成5年には、障害者基本法の改正が行われ、障害のある人を取り巻く社会環境や障害者についての考え方に大きな変化が見られるようになりました（文部科学省，2018）。各学校で養護・訓練の実践が着実に積み重ねられてきていましたが、その理念や役割を各学校・教師がより正しく認識し、確かな実践へと発展させるためにも改善が必要となり、平成11年の学習指導要領改訂において、養護・訓練の理念を継承しつつ、障害者施策を巡る国内外の動向を踏まえながら自立活動へと改められました。その後も理念を継承しながら、平成21年、平成29年（高等部は平成31年）の改定に合わせて自立活動の改定も行われてきました。

（木村　豊）

参考文献・引用文献

北川貴章・安藤隆男（2019）「『自立活動の指導』にデザインと展開−悩みを成長につなげる実践32」ジアース教育新社

> **コラム**
> **21**
>
> # 肢体不自由の児童生徒に対する機器・器具の設定

肢体不自由の児童・生徒の様子については、病気や怪我など様々な原因により四肢・体幹に不自由なところがあり、歩行や手指活動などの日常の生活動作に支障をきたす状態であることをまず把握していることが大切です。その上で教科指導や自立活動についての指導を進めていきます。通常の学級の場合は、教育課程で自立活動がないため、カットアウトテーブル・座面入りの椅子（**写真1**）、工夫された下敷き（**写真2**：表面がザラザラに加工されていて、文字を書く際に鉛筆の動きを意識しやすくなり、イメージした文字が書きやすくなる下敷き）等といった障害の状態に応じた学習環境を整える必要があります。特別支援学級の場合は、自立活動をするための教材教具（ストレッチマット：**写真3**）等を準備する必要があります。

写真1　カットアウトテーブル・座面入りの椅子　　写真2　工夫された下敷き　　写真3　ストレッチマット

（松川 博茂）

コラム22　肢体不自由の児童生徒に対する進路の相談

　中学校（肢体不自由特別支援学級）の指導をする上で、よく相談のある話題に、進路指導があげられます。

　中学校卒業後の進路は、「進学」と「就労」が考えられますが、中学校卒業の時点ではほとんどが「進学」です。

「主な進学先」
　自分のなりたい職業や希望する大学に進学するために次の学校を選びます。
- 高等学校（全日制課程、定時制課程、通信制課程）
- 高等専修学校
- 職業訓練校
- 特別支援学校高等部（肢体不自由、病弱、知的障害）

※ 留意点
　学校を選ぶにあたり、事前にポイントをおさえて場所を見学しておくことが大切です。スムーズな学校生活を送るための校舎内の動線（段差、机、椅子、廊下、エレベーター、トイレ等）、障害に配慮した授業計画及び授業内容等を確認する必要があります。

（松川 博茂）

コラム 23　動作訓練、動作法について

❶ 用語について

「動作訓練」という用語は、成瀬悟策氏や大野清志氏によって開発された臨床心理学的な指導法に対する専門用語で「心理リハビリテーション」とも呼ばれます。また、自閉スペクトラム症や多動の行動変容を目的に適用する場合には「動作法」と呼ばれたり、心理療法として使う場合は「動作療法」「臨床動作法」と呼ばれたりすることもあります。

❷ 「動作訓練」のねらいは身体の自己コントロール

一般的に脳性まひ児の不自由は脳損傷に起因すると考えられているので、生理学の観点から運動機能の改善を図ることに主眼がおかれています。動作訓練も脳性まひ児の身体の動きの改善を図るために開発されたものなので、身体を取り扱うものだと考えられがちです。しかし、動作訓練で行うことは脳性まひ児の運動機能の改善を図るとか、肢体の不自由を治療することではありません。動作訓練においては、自分の身体の動かし方に困難があるために彼らはいろいろ困っているものと考えます。そして、身体の動かし方、すなわち、身体の自己コントロール能力を高めることをねらっています。身体の自己コントロールでは、動かし方の目標を設定し、自分の身体を動かし、その結果を目標と照合し、その差を修正する働きが必要となります。そのためには、動きの感じを含めたイメージに基づいた身体を操作する心理的な活動があって初めて可能になります。

❸ 「動作」と「身体運動」を区別する

成瀬悟策氏は、「身体が動く」と「身体を動かす」とを区別しました。そして、身体が動くことを「身体運動」、動かすことを「動作」とし、図1のような動作図式を提示しました。

図1　動作図式

❹ 「動作訓練」の方法

動作訓練は、基本的にはモデルパターンという訓練の型によって進められます。モデルパターンの訓練方法を覚えるには、その訓練方法の対象とする課題をよく把握し、具体的にどのような手順で進めるのかを理解することが大切となります。ここでは、座位訓練、膝立ち訓練、立位訓練を紹介します。

(1) 座位訓練

　座位訓練では、単にお座りの姿勢がとれるかどうかだけでなく、その姿勢において、子供自身がどのように頑張っているか、つまり自らの体を重力に応じてどのようにコントロールしているかを、問題にする必要があります。座位訓練のモデルパターンでは、図2のように腰から背中、胸、頭をまっすぐに維持し、それが前後左右に倒れないように重力に対応させながら調節する必要があります。

(2) 膝立ち訓練

　膝立ち訓練は、図3のように股、腰、背中、胸、頭をまっすぐにし、膝を中心に膝から足の甲で支え、踏みしめ、倒れないように調節します。また、それぞれの身体部位を調節し、重力に応じて、タテの姿勢を作る必要があります。特に、股を伸ばして、自らの体重を支えることが重要になります。

(3) 立位訓練

　立位訓練においては、重力に応じて自らの体をどのようにコントロールするかが重要になります。立つとは、足の裏で体の重さを全て支え、足の裏で重力に応じて姿勢をコントロールすることとなります。足首、膝、背中、胸をまっすぐにし、それ全体が倒れないように足の裏を踏みしめてコントロールします。それぞれの身体部位は、完全に固定されていても不安定で、お互いに微妙に調節し合いながら、全身を一つのまとまりとして維持するように調節します。

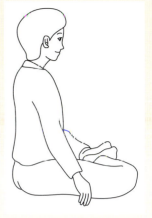

図2　座位訓練

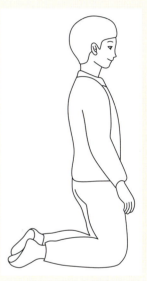

図3　膝立ち訓練

表1　身体障害者障害程度等級表（肢体不自由）

	上　肢	下　肢	体　幹	乳幼児期以前の非進行性の脳病変による運動機能障害	
				上肢機能	移動機能
1級	1　両上肢の機能を全廃したもの 2　両上肢を手関節以上で欠くもの	1　両下肢の機能を全廃したもの 2　両下肢を大腿の2分の1以上で欠くもの	体幹の機能障害により坐っていることができないもの	不随意運動 ・失調等により上肢を使用する日常生活動作がほとんど不可能なもの	不随意運動 ・失調等により歩行が不可能なもの
2級	1　両上肢の機能の著しい障害 2　両上肢のすべての指を欠くもの 3　一上肢を上腕の2分の1以上で欠くもの 4　一上肢の機能を全廃したもの	1　両下肢の機能の著しい障害 2　両下肢を下腿の2分の1以上で欠くもの	1　体幹の機能障害により坐位又は起立位を保つことが困難なもの 2　体幹の機能障害により立ち上がることが困難なもの	不随意運動 ・失調等により上肢を使用する日常生活動作が極度に制限されるもの	不随意運動 ・失調等により歩行が極度に制限されるもの
3級	1　両上肢のおや指及びひとさし指を欠くもの 2　両上肢のおや指及びひとさし指の機能を全廃したもの 3　一上肢の機能の著しい障害 4　一上肢のすべての指を欠くもの 5　一上肢のすべての指の機能を全廃したもの	1　両下肢をショパー関節以上で欠くもの 2　下肢を大腿の2分の1以上で欠くもの 3　下肢の機能を全廃したもの	体幹の機能障害により歩行が困難なもの	不随意運動 ・失調等により上肢を使用する日常生活動作が著しく制限されるもの	不随意運動 ・失調等により歩行が家庭内での日常生活活動に制限されるもの
4級	1　両上肢のおや指を欠くもの 2　両上肢のおや指の機能を全廃したもの 3　一上肢の肩関節、肘関節又は手関節のうち、いずれか一関節の機能を全廃したもの 4　一上肢のおや指及びひとさし指を欠くもの	1　両下肢のすべての指を欠くもの 2　両下肢のすべての指の機能を全廃したもの 3　一下肢を下腿の2分の1以上で欠くもの 4　一下肢の機能の著しい障害 5　一下肢の股関節又は膝関節の機能を全廃したもの		不随意運動 ・失調等により上肢の機能障害により社会での日常生活活動が著しく制限されるもの	不随意運動 ・失調等により社会での日常生活活動が著しく制限されるもの

	5 一上肢のおや指及びほとさし指の機能を全廃したもの 6 おや指又はひとさし指を含めて一上肢の三指を欠くもの 7 おや指又はひとさし指を含めて上肢の三指の機能を全廃したもの 8 おや指又はひと指を含めて一上肢の四指の機能の著しい障害	6 一下肢が健側に比して10センチメートル以上又は健側の長さの10分の1以上短いもの			
5級	1 両上肢のおや指の機能の著しい障害 2 一上肢の肩関節、肘関節又は手関節のうち、いずれか一関節の機能の著しい障害 3 一上肢のおや指を欠くもの 4 一上肢のおや指の機能を全廃したもの 5 一上肢のおや指及びひとさし指の機能の著しい障害 6 おや指又はひとさし指を含めて一上肢の三指の機能の著しい障害	1 一下肢の股関節又は膝関節の機能の著しい障害 2 一下肢の足関節の機能を全廃したもの 3 一下肢が健側に比して5センチメートル以上又は健側の長さ15分の1以上短いもの	体幹の機能の著しい障害	不随意運動・失調等により上肢の機能障害により社会での日常生活活動に支障のあるもの	不随意運動・失調等により社会での日常生活活動に支障のあるもの
6級	1 一上肢のおや指の機能の著しい障害 2 ひとさし指を含めて一上肢の二指を欠くもの 3 ひとさし指を含めて一上肢の二指の機能を全廃したもの	1 一下肢をリスフラン関節以上で欠くもの 2 一下肢の足関節の機能の著しい障害		不随意運動・失調等による上肢の機能の劣るもの	不随意運動・失調等により移動機能の劣るもの

7級	1 一上肢の機能の軽度の障害 2 一上肢の肩関節、肘関節又は手関節のうち、いずれか一関節の機能の軽度の障害 3 一上肢の手指の機能の軽度の障害 4 ひとさし指を含めて一上肢の二指の機能の著しい障害 5 一上肢のなか指、くすり指及び小指を欠くもの 6 一上肢のなか指、くすり指及び小指の機能を全廃したもの	1 両下肢のすべての指の機能の著しい障害 2 一下肢の機能の軽度の障害 3 一下肢の股関節、膝関節又は足関節のうち、いずれか一関節の機能の軽度の障害 4 一下肢のすべての指を欠くもの 5 一下肢のすべての指の機能を全廃したもの 6 一下肢が健側に比して3センチメートル以上又は健側の長さの20分の1以上短いもの		上肢に不随意運動・失調等を有するもの	下肢に不随意運動・失調等を有するもの

出典：厚生労働省HP「身体障害者障害程度等級表（身体障害者福祉法施行規則別表第5号）」より引用

（木村　豊）

参考文献・引用文献

村田茂（監修）宮崎昭・早坂方志（編集）「動作訓練入門－養護学校現場でどう生かすか－」社会福祉法人日本肢体不自由児協会

厚生労働省HP「身体障害者障害程度等級表（身体障害者福祉法施行規則別表第5号）」https://www.mhlw.go.jp/bunya/shougaihoken/shougaishatechou/dl/toukyu.pdf（閲覧日：2024年12月17日）

5 | 病弱・身体虚弱の子供の理解と支援

事例5-1 小学校特別支援学級（病弱・身体虚弱）に在籍する重度な知的な遅れのあるHさんと担任への自立活動の支援

1 事例の概要

(1) 相談に至った経緯

　小学校に酸素吸入による医療的ケアが必要なHさんが入学することに伴い、特別支援学級（病弱・身体虚弱）を設置して対応することになりました。ただ、担任のみならず、学校全体で病弱・身体虚弱児に対する指導経験がないことから、学習指導や生活面での指導支援方法を知りたいと、アドバイザーへの訪問相談依頼がありました。

(2) Hさんのプロフィール

- 小学校入学前は、豊田市こども発達センターに隣接している児童発達支援センター（通園部門）で過ごし、定期的に病院（診療所）で診察を受けていました。
- ファロー四徴症、22q11.2欠失症候群、療育手帳A、身体障がい者手帳1級。
- 担任は、1年時と2年時は別担任でした。2、3年時は同じでした。

2 Hさんのアセスメントと担任へのサポート方針

　普段の生活において、酸素が不足するため、酸素吸入を本人の状態に合わせなければなりませんでした。そのため、一人の児童が在籍する学級でしたが看護師が常に配置されていました。重度な知的障がいであるため、学年相当の学習は難しく、特別支援学校学習指導要領（知的障がい教育）を参考に、各教科等を合わせた指導を中心とした教育課程を編成して学習を行っています。体幹が安定していないため、上肢の不器用さ、歩行動作の不安定さがより顕著になっています。食事、衣服の着脱、排泄については、ほぼ、自立していますが担任、看護師が付き添いをしていないとできないことが多くありました。

　担任へのサポートとして、月に1回、アドバイザーが学校を訪問し、身体の動きの状況、学習内容の把握、指導の仕方の確認を行いました。また、担任からの不安事項について聞き取り、対応の仕方の確認をしました。

105

3 担任へのサポート経過

(1) 出会い、支援の開始

　年度当初に行われた、豊田市教育委員会主催の特別支援学級担当者研修に参加された担任より、何をどのように指導したらよいのかわからないので困っている現状をアドバイザーが直接聞きました。そこで、豊田市の特別支援教育アドバイザーによるサポートシステムを紹介し、訪問相談で担任の悩みを聞くことからサポートが始まりました。

(2) 継続的な支援

　以後、Hさんとは3年間関わっています。この間担任は2名ですが、以下の事項について、それぞれの担任と話をし、支援を続けていきました。

① 医療的ケアの看護師との連携

　1年生時は、医療的ケアを行う看護師が週に2日間しか派遣されませんでした。しかし、2、3年生時になると、制度の変更があり、週に5日間看護師が派遣されるようになりました。そのため、母親は、2、3年生時は、基本的に付き添いとして学校にいる必要はなくなりました。そのような経緯があったため、看護師がHさんの生活にかかわる機会が多くなりました。ただ、毎日同じ看護師が派遣されるのではなく、複数の看護師がローテーションで派遣されていました。看護師が行う医療的ケアの内容は、主に酸素管理でした。

② 手術のための長期入院

　酸素の供給が自力でうまくできるように、2年生進級前の4月から5月にかけて、病院へ手術入院をしました。退院後は6月から登校を再開しました。酸素ボンベを外すことはできましたが、常時、身体に入っている酸素の状況を確認することが必要でした。医師の診察からは、心臓からの酸素の供給量が多すぎるため、少しバイパスを絞る必要があるとのことでした。そのために、再度、手術が必要になるかもしれないとも言われたようでした。保護者は、再度手術ということに対して、ショックを隠し切れませんでした。

③ 自立活動「身体の動き」の学習の支援

　1年生時から、少しずつ動作法による身体援助をして、「身体の動き」の学習をすることにより、自立活動の視点から心理的な安定と人間関係の形成を図ることができ、その上で、体幹が安定してきて、身体の正しい動きにつながっていきました。

　具体的には、手足のマッサージ、あぐら坐位での真っ直ぐな姿勢保持（**写真1**）及び骨盤の柔軟な動き、膝立ち位での真っ直ぐな姿勢保持（**写真2**）及び股関節前部の柔軟な動き（**写真3**）、立位での真っ直ぐな姿勢づくり（**写真4**）及び膝関節の柔軟な動き（**写真5**）を継続的に行っていきました。

写真1 あぐら坐位　真っ直ぐな姿勢

写真2 膝立ち位　真っ直ぐな姿勢

写真3 膝立ち位　股関節の曲げ伸ばし

写真4 立位　真っ直ぐな姿勢

写真5 立位　膝の曲げ伸ばし

④ 各教科等を合わせた指導の支援

　学習課題を設定するにあたり、担任になると、どうしても国語、算数など教科書を使った指導を中心に考える傾向がありました。その意識を変えていくために、各教科等を合わせた指導の学習内容を理解することが必要であると感じました。具体的には「絵日記づくり」（**写真6**）、「数唱、数字、半具体物のマッチング」（**写真7**）、「買い物学習」（**写真8**）などを行いながら興味、関心のあることを増やしていきました。

写真6 絵日記

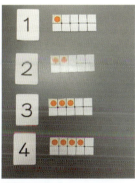
写真7 数字と半具体物マッチング

写真8 買い物学習

事例考察

　Hさんとの関わりは、3年余りとなりました。医療的ケアが必要な本児にとって、看護師の支援はとても重要でした。さらに、関わる先生方の支援も重要でした。1年生時の担任の先生は、本人の意向を良く汲み取り、Hさんと関わってくれました。その様子を2、3年生時の担任もよく理解してくれ、同じような関わりからうまくHさんに入り込んでいくことができました。そのような人的な支援体制が、本児の自立活動「身体の動き」の学習、各教科等を合わせた学習の成果となって表れてきました。

> **担任からのコメント**
>
> 　アドバイザーには、主に身体の動きをスムーズにする動作をしていただいたり、手の動かし方・足の動かし方・身体の様子を見ていただいたり、学習の様子や生活の様子についてアドバイスをいただいたりしました。ストレッチや動かし方を教えていただいたことで、身体の筋肉が徐々につき、ずいぶん動きがスムーズになってきました。成長している様子を聞くことで、それに合わせて活動を考えたりすることもでき、大変勉強になりました。学習面では、今、どの段階でどのようなことに力を入れればよいのかを相談させていただきました。苦手だった算数も少しずつ自信をもち、自分から取り組もうという気持ちになり、頑張っています。国語では、言葉やコミュニケーションをとるために、どのようなことに気をつけたらよいのかをアドバイスしていただき、ずいぶん活発に会話ができるようになってきました。また、精神面では、どのような段階での成長なのか、発達段階に応じた接し方などをアドバイスしていただきました。経験が豊富なアドバイザーのお話を直にたくさんお聞きすることができ、方向性をもって進めていくことができました。

（木村　豊）

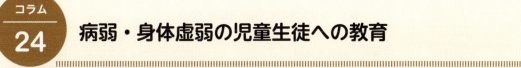

コラム24 病弱・身体虚弱の児童生徒への教育

❶ 病弱・身体虚弱の定義

病弱とは、心身が病気のため弱っている状態をいいます。また、身体虚弱とは、病気ではないが身体が不調な状態が続く、病気にかかりやすいといった状態をいいます。これらの用語は、このような状態が継続して起こる場合又は、繰り返し起こる場合に用いられており、例えば、風邪のように一時的な場合は該当しません。病弱の対象の子供は、慢性の呼吸器疾患、腎臓疾患及び神経疾患、悪性新生物など、医療又は生活規制を必要とする子供たちです。

❷ 特別支援学級での病弱・身体虚弱に応じた教育的対応

病院内の学級では、退院後に元の学校に戻ることが多いため、在籍していた学校と連携を図りながら各教科等の学習を進めています。入院や治療のために学習空白となっている場合には、必要に応じて指導内容を精選して指導したり、身体活動や体験的な活動を伴う学習では、工夫された教材・教具などを用いて指導したりしています。

❸ 病弱・身体虚弱児の教育課程

病弱・身体虚弱特別支援学級は、小学校、中学校の学級の一つであり、小学校、又は中学校の目的及び目標を達成していく学級です。ただし、子供の障害の状態等に応じて、特別の教育課程を編成して指導できるようにしており、各教科の他に、障害による学習上又は生活上の困難を主体的に改善・克服するために必要な自立活動を取り入れ、例えば、健康状態の維持、回復・向上を図るための指導をしています。

また、子供の障害の状態等を考慮の上、特別支援学校小学部・中学部学習指導要領を参考にし、各教科の目標や内容を下学年の教科の目標に替えたり、各教科を知的障害者である児童に対する教育を行う特別支援学校の各教科に替えたりするなどして、実態に応じた教育課程を編成し、指導しています。

表1　身体障害者障害程度等級表（病弱）

	心臓機能障害	じん臓機能障害	呼吸器機能障害	ぼうこう又は直腸の機能障害	小腸の機能障害	ヒト免疫不全ウイルスによる免疫機能障害	肝臓機能障害
1級	心臓の機能の障害により自己の身辺の日常生活活動が極度に制限されるもの	じん臓の機能の障害により自己の身辺の日常生活活動が極度に制限されるもの	呼吸器の機能の障害により自己の身辺の日常生活活動が極度に制限されるもの	ぼうこう又は直腸の機能の障害により自己の身辺の日常生活活動が極度に制限されるもの	小腸の機能の障害により自己の身辺の日常生活活動が極度に制限されるもの	ヒト免疫不全ウイルスによる免疫の機能の障害により日常生活がほとんど不可能なもの	肝臓の機能の障害により日常生活がほとんど不可能なもの
2級						ヒト免疫不全ウイルスによる免疫の機能の障害により日常生活が極度に制限されるもの	肝臓の機能の障害により日常生活が極度に制限されるもの
3級	心臓の機能の障害により家庭内での日常生活活動が著しく制限されるもの	じん臓の機能の障害により家庭内での日常生活活動が著しく制限されるもの	呼吸器の機能の障害により家庭内での日常生活活動が著しく制限されるもの	ぼうこう又は直腸の機能の障害により家庭内での日常生活活動が著しく制限されるもの	小腸の機能の障害により家庭内での日常生活活動が著しく制限されるもの	ヒト免疫不全ウイルスによる免疫の機能の障害により日常生活が著しく制限されるもの（社会での日常生活活動が著しく制限されるものを除く。）	肝臓の機能の障害により日常生活活動が著しく制限されるもの（社会での日常生活活動が著しく制限されるものを除く。）
4級	心臓の機能の障害により社会での日常生活活動が著しく制限されるもの	じん臓の機能の障害により社会での日常生活活動が著しく制限されるもの	呼吸器の機能の障害により社会での口常生活活動が著しく制限されるもの	ぼうこう又は直腸の機能の障害により社会での日常生活活動が著しく制限されるもの	小腸の機能の障害により社会での日常生活活動が著しく制限されるもの	ヒト免疫不全ウイルスによる免疫の機能の障害により社会での日常生活活動が著しく制限されるもの	肝臓の機能の障害により日常生活活動が著しく制限されるもの

出典：厚生労働省HP「身体障害者障害程度等級表（身体障害者福祉法施行規則別表第5号）」より引用

（木村　豊）

参考文献・引用文献

文部科学省（2022）「障害のある子供の教育支援の手引～子供たち一人一人の教育的ニーズを踏まえた学びの充実に向けて～」ジアース教育新社

厚生労働省HP「身体障害者障害程度等級表（身体障害者福祉法施行規則別表第5号」https://www.mhlw.go.jp/bunya/shougaihoken/shougaishatechou/dl/toukyu.pdf（閲覧日：2024年12月17日）

6 言語障害の子供の理解と支援

事例6-1 小学校特別支援学級（自閉症・情緒障がい）に在籍する Ⅰさんへの言語支援

1 事例の概要

（1）相談に至った経緯

　小学校2年生Ⅰさんは入学当初教室に入ることができず、好きなエレベーターの前で座り込んでいました。言葉を発することはほとんどありませんでしたが、指示を聞き、一度パターンを覚えると決まりを守り行動することができました。このような児童の指導・支援の方向性について知りたいと、小学校からアドバイザーの訪問相談依頼がありました。

（2）Ⅰさんのプロフィール

- Ⅰさんは自閉スペクトラム症の診断を受けている重度知的障がい（療育手帳Ａ）です。豊田市こども発達センターで言語訓練・機能訓練を月1回受けています。
- 専門家（医療機関）の先生からは、一生話すことは難しいかもしれないと言われていますが、保護者は筆談や簡単なジャスチャーを使ってでも、コミュニケーションができるようになってほしいと願いをもっていました。

2 Ⅰさんのアセスメントと担任へのサポート方針

　Ⅰさんの障がい特性、専門家（医療機関）の見立てから、いきなり発音指導に取り組むのではなく、Ⅰさんとの関係づくりから始めていき、無理強いをすることなく進めていくことにしました。これまで言葉を発することがなかったことから、息吹きや声出し遊びから徐々に始めていくとよいと考えました。

　月1回程度アドバイザーが学校を訪問し、個別の発音指導を行うこととしました。担任へのサポートとして、アドバイザーによる発音指導の実際場面を見てもらい、自立活動の時間や学校生活の中で取り入れてもらうこととしました。授業等で担任が参観することができない場合には、指導後に懇談時間を設定し、指導・支援内容について伝え、共通理解を図っていくことにしました。発音指導は学校のみならず家庭での支援も大切であること

から、保護者にも可能な限り協力を依頼していくことにしました。

3 Iさん、担任及び保護者へのサポート経過

Iさんとの関わりは、足掛け5年（実際に発音指導を行ったのは4年）になります。ここでは、この5年間の指導・支援の経過を大きく3期に分けて記載します。

(1) Ⅰ期（2年時から3年時　発音の基礎固め）

1年目（小2）の訪問は、授業参観と懇談でIさんの実態把握のみで終わりました。

① 2年時担任との懇談、アドバイス

担任へは以下のことをお伝えしました。

- 発語については専門家（医療機関）から難しいと言われているので、無理強いをすべきでありません。
- 気持ちを表すカードを準備し、そのカードを活用して意思を確認することも一つの方法です。
- 物の名前を覚える際には、指を折るなどして音韻数を意識させるとよいです（**写真1**）。

写真1　担任による言葉の指導

② 3年時の支援経過、担任との懇談・アドバイス

2年目（小3）の訪問からアドバイザーによる本格的な発音指導を始めました。今まで声をほとんど出していないことから、玩具やお菓子を使い、楽しみながら行うことに主眼を置いて、始めました。「息吹き遊び」では、シャボン玉遊び（**写真2**）、ストロー吹き、ティッシュ飛ばし、吹き戻し（**写真3**）、紙風船等を使いました。「声出し」では、風船、セロファンを使い、声を出す楽しさを体験することから行いました。この頃からIさんとのラポート（信頼関係）を図ることができるようになり、毎月の発音練習を楽しみにしている様子がうかがわれるようになってきました。

息吹き遊びと声出しをしばらく行った後、舌の力を抜く練習や舌の動きの練習として、「チョコレートなめ」（**写真4**）、「ミルクせんべい片取り」（唇に付けたせんべいのかけらを舌で取る課題）等を取り入れて、音声機能訓練を行っていきました。併せて口形カード（**写真5**）を使った母音の発声練習も始めていきまました。メガホンを渡すと楽しそうに声を出すことができました。この時点では、「オ」と「ウ」の口形が曖昧になりがちで課題として残りました。以後毎月の指導の始めに「チョコレートなめ」、「ミルクせんべい」を使った音声機能訓練と母音の確認を継続しました。

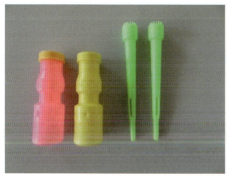

写真2 シャボン玉

写真3 吹き戻し

写真4 チョコレート

写真5 口形カード

アドバイザーからの助言

- 発音練習は短時間でよいので継続していくことが大切です。
- 褒めることはあっても、叱ることがないようにします。
- 苦手な音だけに固執することは避けます。なぜなら、苦手な音については本人が一番よく知っているからです。
- 焦りは禁物です。
- Ｉさんが何かしてほしい時、自分から声を出して訴えるまで待つことがあってもよいと思います。

　Ｉさんの保護者（母親）は、毎回発音指導の様子を参観されました。父親が参観されたこともあります。これには頭が下がる思いでした。毎回の指導後保護者（母親）とアドバイザーが懇談を行いました。懇談では、アドバイザーからのアドバイスのみならず、家庭での様子等を教えていただきました。

▶ 保護者の話

- 家でも声を出すことが多くなり、びっくりしています。

113

- ソフトクリームを舌でなめることが苦手なことが分かりました。
- 今朝「起きて」と声を出し母親を起こすことがありました。
- 長期休みに祖父母宅を訪問した際に、Ｉさんが声を出して話す姿を見て、祖父母もびっくりし、喜んでいました。

(2) Ⅱ期（4年時から5年時　様々な音の発音練習）

　昨年度からの課題「オ」「ウ」については、少しずつではありましたが、上手に発音することができるようになってきました。ただ、「パ行」「バ行」「マ行」の練習を行った際、「オ列」の「ポ」「ボ」「モ」はまだ曖昧になりがちでした。何回か練習を重ねることで、少しずつ改善が見られました。これ以後無理強いをしないことに心がけ、他の音にも挑戦していきました。

　また、促音や拗音の練習も取り入れました。促音「っ」は「きっぷ」「はっぱ」のように普段使っている単語を使って練習したところ、比較的短時間で発音することができました。拗音は「しゃしゅしょ」「ちゃちゅちょ」に課題が見られたので、「しゃ」の付く言葉は何があるかな」などと問いかけ、身近な言葉探しを行い、Ｉさんが挙げた言葉を使いながら練習を行っていきました。

担任の話とアドバイザーからの助言

- 担任はクラスの人数が増えたことで、Ｉさんとゆっくり向き合う時間が減りましたが、給食後などの隙間時間を使い関わっています。
- クラスの友達に自分から話しかけている場面を見ることが多くなりました。相手に伝わることが楽しい様子です。早口になり友達がわからないそぶりを見せると、察知してゆっくりと言い直しています。
- 発音指導の時間に音読の練習を取り入れています。教室でも短い文章でよいので、声を出して読む活動を取り入れるとよいとアドバイスしました。
- 拗音の練習も行っています。普段の学校生活の中で使っている言葉の中で拗音が含まれている言葉、「きゅうしょく」などを取り上げ、発音させるとよいと思います。そして、上手く発音できた時は、その場で褒めることが大事です。

▶ 保護者の話

- 家でもたくさん話すようになり、テレビの字幕を指でなぞりながら声を出して読んでいます。
- 唐突な行動が少なくなり、待てるようになってきました。
- 豊田市こども発達センターの先生からも、よく話ができるようになったと言われました。

- 一時期吃音が見られることがありましたが、気にしないようにしたところ、ほとんど見られなくなりました。
- 本人がどこへ行きたいか意思を声で伝えてくれるので、とても助かっています。
- 長期休み中の祖父母と会った時、Iから声を出してあいさつすることができました。その姿を祖父母が大変喜んでいました。
- 祖父に電話をした時、上手に話すことができていて、祖父が喜んでいました。
- 散歩時に道路やお店の看板の文字を声に出して読んでいます。歌を口ずさんでいることもあります。

（3）Ⅲ期（6年時　文章や物語の音読に挑戦）

　引き続き発音指導の支援で訪問相談を継続しました。今まで行っていた音声機能訓練、母音の確認、拗音の練習に加えて文章や物語の音読を取り入れていきました。この頃には「チョコレートなめ」がかなり上手になり、舌の力が抜けてきました。母音もかなり上手になり、以前課題となっていた「オ」「ウ」も日によって多少差は見られるものの、上手になり、その結果として「ちょ、きょ、しょ」も上手に発音することができるようになりました。

　さらに、詩「おおい雲よ」「お星さま」、物語「手袋を買いに」、最後に「泣いた赤鬼」の音読に挑戦しました（**写真6**）。物語の音読を始めた頃は「へ」「は」の読みに課題が見られましたが、単語をまとまりとして捉えて読むことはできていました。訪問相談最終日に「泣いた赤鬼」の音読の様子をタブレットに録画し終了としました。

写真6　音読に挑戦

> **担任との懇談でのアドバイザーからの助言**
> - 発音面で成長が見られますが、クラスの中で母音の練習は継続して続けてください。
> - 修学旅行については、Iさんは行く前からとても楽しみにしていて、当日は全行程皆と一緒に行動することができたと聞きました。
> - 6年生ということで中学校進学が話題となりました。地域の中学校、特別支援学校ともに見学や教育相談を計画的に進めていくとよいと思います。

▶ **保護者の話**
- Iがいろいろ話すことができるようになり、祖父母がとても喜んでいて、一層可愛がってくれるようになりました。以前は腫物に触るような接し方でした。

- 足が痛いと訴えたので病院で受診した際、看護師さんに自分の足の状態を説明することができ、とても驚きました。この件については、自分の身体の不調を伝えることができることは、これから生きていく上でとても大切なことであるとアドバイスしました。
- 最近は自分の思いを声に出して伝えることができるようになった（コミュニケーションを図ることができるようになった）ためか、以前のようにIがカッとすることがほとんどなく、とても落ち着いています。

 事例考察

　Iさんの小学校卒業をもって、アドバイザーの訪問相談を終えました。医療機関から話すことができないかもしれないと言われている児童に対しての発音指導は無謀で、正直自分自身も手探りでした。なぜなら、私は、聴覚障がいのある幼児児童生徒に対する発音指導はわずかながら携わらせてもらいましたが、聴覚障がいのない児童への発音指導は初めてであったからです。

　今回Iさんが何とか音読ができるようにまでになったのは、本人の努力のみならず、担任や保護者の協力があったからこそです。担任は可能な限り指導場面を参観され、クラス内でも実践をしてくれました。そして、保護者は指導の場面を毎回参観され、懇談の中でIさんの家庭での様子や成長を聞くことは、私自身の励みでもありました。

　今回の訪問相談の成果は、単にIさんが声を出すことができるようになった、発音が上手くなったことだけでありません。言葉によるコミュニケーションを取れるようになったことが、Iさんの気持ちの安定につながったことだと思っています。今までは、話したいことや伝えたいことがいっぱいあっても、上手く表出することができずに、いらいらしたり、不安になったり、時には悲しかったりした経験が数多くあったに違いありません。そのため、周りから唐突とみられる行動をせざるを得なかったのかもしれません。Iさんが話すことができるようになったことで、保護者や担任、クラスの友達たちもIさんが何を思っているのか、何をしてほしいのかを知ることができ、互いに良い関係づくりにつながったのではないでしょうか。自分の気持ちや思いを言葉にして伝え、それを相手がわかってくれることの大切さを改めて教えてくれたのは、まぎれもなくIさんでした。

担任からのコメント

　Ｉさんが３年生の後期から定期的にアドバイザーのご指導を受け、卒業までに自分の気持ちや他人とのコミュニケーション場面で自分の言葉で伝えることができるようになりました。１か月に１度の指導の日をとても楽しみにしていて、短い時間に集中して頑張ることができました。また学校での取り組みについて担任にご指導いただき、日々の課題に取り入れることで繰り返し練習し、発音の向上につながりました。毎回保護者の方が参観され、アドバイザーにＩさんの普段の様子を聞いていただいたり、進学進路についての相談も受けていただいたりしました。保護者は当初様々な不安をもっていましたが、アドバイザーと話すうちに、不安が薄れていく様子が見られました。今では自分の体の不調や、経験した出来事なども会話や文章で書くことで相手に伝えることができるようになりました。ご指導いただいたことを引き続き家庭でも課題として取り組んで、さらにスムーズなコミュニケーションを取れるようになることを願っています。「一生話をすることができません」とお医者さんから言われていたＩさんが、卒業式で元気に返事をしてくれることが今から楽しみです。ご指導ありがとうございました。

最終訪問日に保護者からいただいた手紙

　４年間ありがとうございました。アドバイザーと出会う前は全く発語がなく、話ができるようになることを諦めていましたが、アドバイザーのご指導のおかげで言葉が出るようになりました。初めて私のことを「ママ」と呼んでくれた日のことを、今でも鮮明に覚えています。少しずつ発語が増え、自分の思いが伝えられるようになったことが本人も嬉しいようで、いろいろな思いを伝えてくれるようになりました。以前のＩは自分の世界を生きていましたが、発語を通じ世界が広がり、人として成長したように思います。Ｉはアドバイザーのことが大好きで、会える日を自分でカレンダーに記入し、楽しみにしていました。私もアドバイザーの授業は学びが多く、楽しみにしていたので、お会いできなくなるのは、とても寂しいです。いよいよ中学生になり、新しい環境が始まりますが、コミュニケーションが取れるようになったＩなら、さらに成長できると信じています。こんな風に前向きに、子供の成長を楽しみにできるようになったのもアドバイザーのおかげです。これからも親子共々頑張っていきたいと思います。ありがとうございました。

(早野　正)

❶ 言語障害とは

　言語障害とは、「発音が不明瞭であったり、話し言葉のリズムがスムーズでなかったりするため、話し言葉によるコミュニケーションが円滑に進まない状況であること、また、そのため本人が引け目を感じるなど社会生活上不都合な状態であること」です。

❷ 言語障害の分類や主な症状

　大きく次の3つに分類されます。
（1）器質的又は機能的な構音障害
　口唇口蓋裂（器質的問題）などによる構音障害（発音の問題）です。例えば、「さかな」が「さたな」（カ行の子音がタ行の子音に置き換わるタイプ）になったり、「はっぱ」が「あっぱ」（ハ行の子音が抜けてしまう省略タイプ）になったりする状態です。
（2）吃音など話し言葉の流暢性にかかわる障害
　同じ音の繰り返し、引き伸ばし、声が出ないなどの流暢さに欠ける話し方です。「ぼ、ぼ、ぼぼ、ぼくは…」のように語頭音を繰り返す「連発」、「ぼおーーーくは…」のように語頭音を引き延ばす「伸発」、話の途中でも、語頭音が出にくい「難発」に分けられます。
（3）上記以外の言語発達の遅れに関する障害
　言語機能の基礎的事項の発達の遅れや偏りに関する障害全般です。背景に知的障害、難聴、肢体不自由（脳性まひ）などによる言葉の苦手さがある場合も含みます。

❸ 教育上の配慮

　小・中学校では、特別支援学級や通級による指導の対象となります。緊張や不安が大きく影響しますので、ゆっくり話をしたり、教師と一緒に本を読んだり、リラックスできる環境を整えたりするなど、話すことを無理強いしないで、楽しく学べる支援を心がけましょう。

（大山　卓）

参考文献・引用文献

文部科学省（2022）「障害のある子供の教育支援の手引～子供たち一人一人の教育的ニーズを踏まえた学びの充実に向けて～」ジアース教育新社

コラム 26 発音指導の心構え

　発音指導を行う際、指導者として大切にしたい心構えがあります。これは私が先輩教員から学び、実践してきた指導の要点です。発音は単に音を正しく出す技術ではなく、子供の成長を支える重要な要素の一つです。

❶ 子供と親との信頼関係を確立すること

　発音指導には、子供だけでなく保護者との関係構築も重要です。信頼関係があれば、子供は指導を前向きに受け入れます。保護者と連携し、家庭での取り組みを支えることも効果的です。

❷ 指導ではなく、一緒に楽しむ姿勢をもつこと

　指導者が「一緒に遊ぶ」姿勢をもつことで、子供もリラックスし、自然に発音練習に取り組めます。ゲーム感覚で練習したり、歌やリズムを取り入れると、楽しみながら学べます。

❸ 子供の呼気量を増やすことを意識する

　発音には適切な呼気量が必要です。発声が小さい場合は、吹き戻しやシャボン玉を使い、楽しみながら呼吸を鍛える工夫をするとよいでしょう。

❹ 褒めることはあっても、叱らないこと

　発音の習得には個人差があり、すぐに改善するものではありません。失敗を責めず、小さな進歩を見逃さずに「よくできたね」「今の音、きれいだったよ」と前向きな言葉がけを心がけましょう。

❺ きれいに出たときはすかさず褒め、繰り返させること

　良い発音をした瞬間を見逃さず、すぐに褒めましょう。同じ音を繰り返させることで、正しい発音が定着します。「今の発音、きれいだったね！　もう一度やってみよう！」と励まし、成功体験を積ませましょう。

❻ 発音指導に子供のあくびはつきものと考える

　発音練習中に子供があくびをするのは、口の筋肉がリラックスしている証拠です。これを理解し、「リラックスできてるね」と受け止め、無理に止めさせず自然な流れで練習を続けましょう。

　発音指導は単なる技術指導ではなく、子供の成長を支えるプロセスです。楽しさを大切にしながら、子供の自信を育む指導を心がけましょう。

(早野　正)

7 自閉症・情緒障害の子供の理解と支援

事例7-1 小学校通常の学級に在籍する集団が苦手なJさんと担任への支援

事例の概要

(1) 相談に至った経緯

　スクールソーシャルワーカーから、「小学校1年生で教室に入れない児童がいます。何とか教室に入るようになりませんか」と相談がありました。その後小学校からも、「入学式は、列に並べず教室内を走り回っていました。運動会も参加ができなかったが、何とか教室での学習に参加させたいです」と相談がありました。「通常の学級の集団で決まりよく行動することが苦手で、担任の指示を聞くことができず自由に行動するので、少しでも学校生活に参加できるよう、指導や支援を学びたいです」、という相談が担任からもありました。これらを踏まえて、アドバイザーが訪問相談を開始することになりました。

(2) Jさんのプロフィール

- 豊田市こども発達センターを受診していて、自閉スペクトラム症と診断されています。
- 4歳の時に田中ビネー知能検査Ⅴを実施、生活年齢4歳4か月、発達年齢4歳6か月、知能指数104
- 知的な遅れはありません。

Jさんのアセスメントと担任へのサポート方針

　アドバイザーが学校を訪問し、児童の様子を参観しました。
　教室の中で落ち着いて座ることができず、興味関心のあるところに出て行ってしまう様子でした。授業と休み時間の切り替えができず、思い通りにならないと泣き叫んでしまうことがあるようです。高い所が大好きでジャングルジム、ロッカーの上、教卓の上に登り「おーい、みんなー」と嬉しそうに声をかけていました。人懐っこく誰にでも話すことができ、悪いことをしたと思った時は素直に「ごめんね」と謝ることができるようです。
　上記Jさんの実態を踏まえ、担任へのサポートとして、月1回程度、継続的に訪問相談

をし、学習指導や学級全体への支援を行うことにしました。また、学校だけでなく、医療との連携も図ることにしました。さらに家庭にも協力をお願いし、医療機関へ学校での様子を伝えるようにしました。

3 担任へのサポート経過

　1年生が始まったばかりなので、本人の状況、学級の状況、医療の状況等Jさんの周りの状況把握を行うことにしました。また、担任の学級経営状況や指導力等学級全体の指導の様子も把握していくため、アドバイザーが年間7回訪問相談を実施することにしました。

(1) 第1回5月の訪問相談
① 学級の状況
　明るく活発な学級です。Jさんは、自席に座らず、教室から出て行ってしまいます。周りの友達は、気にすることなく授業に参加しています。学級の中には、他にも気になる児童が4名ほどいます。多弁で話が止まらない子、落ち着かずゴソゴソとつい動いてしまう子、友達が気になってつい大きな声で注意する子、学習についていけない子など学級全体を見ると元気一杯の子供たちです。

② Jさんの様子
　Jさんは、教室から飛び出して体育館の渡り廊下でゴロゴロと寝転がっています。声をかけると「嫌だ」と教室に戻されることを拒否しています。渡り廊下を移動しては、寝転がっています。給食の時間は、「給食食べるよ」というと素直に戻って食べますが、またすぐに校内を走り回っています。予測できない動きのため担任は居場所を特定するのに苦労しています。

アドバイザーからの助言
　Jさんの好きなことは、粘土です。お絵描きでは、文字や数字を書くことを嫌がっています。すぐに自由帳にお絵描きが始まるので、今やることをやってから「終わってから書きます」と指導するように伝えました。時々、登校をしぶることがあったので、医療との連携を進めることにしました。学校の状況を紙面に書き保護者の承諾を得て、医療機関へ持参しました。保護者からも家庭の状況を医療機関や学校へ伝えていくようにお願いしました。なお、主治医からは、5月の下旬から投薬が開始されました。

(2) 第2回6月の訪問相談

① Jさんの様子

　投薬が始まってから少しずつ落ち着くことができました。教室内を走り回ることが少なくなってきましたが、気になることがあると、つい動いてしまいます。集団に入れるようになりました。

> **アドバイザーからの助言**
>
> ・前に出てきた場合、席に戻る指導をする。
> ・良い行動の時は、「こういう行動は良い」と言いながら褒めるようにする。
> ・他の児童にも同じように指導をする。
> ・「目でわかる」「指示は具体的でわかる」「褒める行動は再度言葉にして褒める」
> ・学校の様子は主治医に伝えるようにする。

(3) 第3回10月の訪問相談

① Jさんの様子

　5月に比べて椅子に座れるようになってきました。教室からは飛び出すことは少なくなってきましたが、姿勢はすぐ崩れて足がゴソゴソと動き出します。授業に参加はできますが、「自分が自分が」となって前に出て、挙手をして当たらないとすぐにゴソゴソと動き始めてしまいます。当てられると上機嫌になります。授業は、工夫され具体物を使って指導しています。目で見てわかるように黒板には、絵カードが必ず貼ってあります。

> **アドバイザーからの助言**
>
> 　1年生では、教科書よりも目で見てわかりやすい絵カードや具体物の方をより理解しています。Jさんは、集中力が長く続かないため聞くばかりではなく、考えて答える、考えて書き込む等授業の中に動きを必ず入れるようにする。まだ、見守りは必要です。少しずつではありますが授業に参加しようとしている姿が見られます。担任の指導力も向上し、Jさんだけでなく学級全体に目を配り、指示を短く出す工夫が見られました。そこで以下の点をアドバイスしました。
> ・授業の内容をわかりやすくするため、ユニバーサルデザインを取り入れます。
> ・授業は、指示ばかりでなく「指示→友達と話し合う→考える→書く→発表する」等、集中力が切れないようにテンポ良く展開します。

(4) 第4回11月の訪問相談

① Jさんの様子

　算数の授業参観を行いました。数図ブロックを使って「繰り上がり」の学習をしていま

した。Jさんは、数図ブロックを使って「ロボット」「かかし」を作って遊び始める様子でした。担任が「7＋4」というと挙手をして「11」と答えています。授業に参加していないように見えて遊んでいても耳は授業に参加している様子が見られました。

アドバイザーからの助言

　プリントや課題に取り組む場合の以下の注意事項を伝えました。
- 「後、何分でおしまいになります」と説明して終わりを予告します。
- 褒めるタイミングは気にせず、学級全体に褒める方がよいです。
- 「良い行動」「悪い行動」は、褒めながら言葉で教えます。

(5) 第5回1月訪問相談

① Jさんと担任の様子

　周りの児童との関り方で担任は悩んでいました。友達との距離間が上手くとれず、近づき過ぎて「やめて」と言われることがあり、周りの児童に近すぎることを心配されていました。学習では、「はい」と良い返事をするのですが、取り組まないことが多いようです。やらないと決めるとやらないので困っているようです。しかし、下校の際には、「〇〇先生、さようなら」と素直で純粋な挨拶があると疲れが吹っ飛ぶんです、と最近の悩みの相談がありました。

アドバイザーからの助言

- 距離感は、具体的に言わないと理解できないので、友達とは「頭1つくらい離れます」とか「30センチ離れます」と学級全体に指導します。
- やらないと決めた態度であっても「ここやれるといいよ」と促す声かけは必要です。仮に、すぐに行動に移さなくても担任が声をかけ促す行為は、学級全体の子供にも良い影響を与えるので気長に指導します。

(6) 第6回2月訪問相談

① Jさんの様子

　算数の授業「おおきさくらべ」の場所取りゲームで、ジャンケンがどうしても勝てず、友達が勝って場所を取っていくと悔しさがこみ上げてきて泣くことがあったようです。場所を取ろうとする友達の場所に「×」を書くなど負ける自分が嫌で仕方がない様子です。担任は、時々様子を見て「だめだよ」「ゲームだから友達に悪口言ってはいけないよ」と指導したものの、友達は、淡々とゲームを続けています。お互い喧嘩にはならないようですが、負ける悔しさはなかなか収まることはなかったようです。少し時間はかかったけれど、休み時間になると切り替えて運動場に遊びに行った、というエピソードが語られました。

アドバイザーからの助言

- 負けず嫌いなので勝つためにどうしても抵抗を示すが、担任は介入しましょう。「ゲームを楽しめるよう勝っても負けても大丈夫」「友達の悪口はだめです」と時々促すことと見守りは必要です。但し、ゲームを止めさせるとか別の場所に移動させるのは良くありません。いろんな経験を通して学ぶので排除せず参加させましょう。
- ゲームを通して友達との関わりや勝った時の友達、負けた時の友達を通して学ぶことも大切です。その様子を見ている周りの友達も担任の指導している姿を見て学んでいます。

1年を振り返って担任からの感想

　入学当初のJさんは席に着くことも難しく、自由に動いたり興味のあることをやり続けたりし、なかなか集団で行動をしたり授業に参加したりすることができませんでした。訪問相談で指導を受け実践していくことで、少しずつ学習に参加できるようになりました。Jさんの特性を理解した上での支援は、気持ちを授業に向かせる場面を増やし、自分でやろうとする気持ちを高めることにつながったと思います。絵や図などを提示する視覚的な支援、言葉がけや指示の仕方、褒め方、活動の取り入れ方など、支援の仕方に対する具体的な助言は、Jさんだけでなく学級全体への指導にも生かすことができました。

　算数の「おおきさくらべ」の場所取りゲームで、勝負に負けたJさんが悔しくて友達に対して攻撃的になってしまったときに、「社会経験を積むことによって我慢できるようになってくるから、必要な経験です」という助言を聞いて、トラブルを恐れ過ぎて活動を避けるのではなく、関わることから学んでいくことは多く、それがJさんの成長につながるということ気づきました。Jさんの成長を願い、長い目で見守っていきたいと思っています。

4 事例考察

アドバイザーからの助言（まとめ）

- 全てをおさえこむのは良い結果につながらない
- これが終わったら …するよ（好きな活動「自由帳」
- 課題が一つ終わってから自由帳にお絵描き（ご褒美として）
- ハイテンションの時…やめてほしいときの言葉を決める「やりません」「おしまい」
- 予告をする　あと〇分で〇をしたら〇〇秒で片付けよう
- 姿勢…叱らず促す「姿勢」と言ったら手はひざ
- 短い時間で褒める
- 個に関わり過ぎない
- 勝手な発言は無視をする
- 指示が長すぎないように（少なく、短く）
- 具体的に指示を出す（できたら褒める）
- 指示にメリハリをつける（テンポよく）
- 活動を取り入れる時は、楽しいことを入れる（お楽しみの活動）
- 言葉がけ（叱らない、譲れないことは強めに）
- 何度も同じ注意をしない（間をおく、できるまで待つ）

　担任には、席替えを1～2か月に1度、実施していただきました。Jさんだけに視点を向けるのではなく、学級全体の人間関係やJさんに友達の支援者が発見できたことは、とても良い着眼点です。授業の進め方のポイントは「わかりやすい授業」を心がけ、教材教具の取り上げる内容は、なるべく日常生活の中にあるものを取り上げていただきました。Jさんにとってもイメージしやすく学級全体でも、理解が進み、落ち着いて学習を進めることができました。

（高村 葉子）

コラム 27　後片付けができない子供への支援グッズ

　整理整頓が苦手な子供にとって、持ち物を道具箱やロッカーに収納することは簡単ではありません。特に、決められた場所に戻す習慣が身に付いていない場合、持ち物の扱いが乱雑になり、詰め込むだけになってしまうことがよくあります。写真やラベルを貼って収納場所を示したり、色分けして区別をつけたりしても、効果がすぐに現れないこともあります。

　このような子供たちをサポートするために、「片付けボックス」を活用する方法があります。これは、「とりあえずここに入れる」ことを目的としたボックスで、教室の空いたスペースに設置することができます（**写真1**）。細かく整理することが苦手な子供でも、まずは物をボックスに入れることで片付けの第一歩を踏み出せます。

　この方法は、特に整理整頓が苦手な子供にとって、自分なりの片付け方を身に付けるための大きな手助けになります。初めから完璧な整理を求めるのではなく、まずは「片付ける場所を決める」ことから始め、スモールステップで整理整頓のスキルを伸ばしていくことが大切です。

写真1　片付けボックス

（高村 葉子）

コラム 28　自閉症・情緒障害の児童生徒の理解

　自閉症とは、①他者との社会的関係の形成の困難さ、②言葉の発達の遅れ、③興味や関心が狭く特定のものにこだわる、ことを特徴とする発達の障害です。その特徴は、3歳くらいまでに現れることが多いですが、成人期に症状が顕在化することもあります。中枢神経系に何らかの機能不全があると推定されています。感覚の特異性もあり、聴覚過敏を代表とする感覚過敏や感覚鈍麻などの症状も多く現れます。

　情緒障害とは、周囲の環境から受けるストレスによって生じたストレス反応として状況に合わない心身の状態が持続し、それらを自分の意思ではコントロールできないことが継続している状態をいいます。情緒障害の状態の現れ方や時期は様々であり、状況に合わない心身の状態を自分の意思ではコントロールできないことにより、学校生活や社会生活に適応できなくなる場合もあります。また、児童生徒本人は困難さを感じているにもかかわらず、その困難さが行動として顕在化しないため、一見すると学校生活や社会生活に適応できているように見えてしまう場合もあります。情緒障害の子供は、必要に応じて「特別支援学級」や「通級による指導」が対象となります。文部科学省の就学の資料では、「選択性かん黙」の子供が対象としてあげられています。「場面かん黙」とも呼ばれる子供で、発声器官等に器質的・機能的な障害はなく、心理的な要因により特定の状況で音声や言葉が出せず、学業等に支障がある子供たちです。選択性かん黙の子供は、集団での緊張が高く、話をしないことで自己防衛している状態であることを理解し、不安がないような環境を整え、筆談など言葉以外のコミュニケーション方法を模索していくことが大切です。

（榊原 暢広）

参考文献・引用文献

文部科学省（2022）「障害のある子供の教育支援の手引〜子供たち一人一人の教育的ニーズを踏まえた学びの充実に向けて〜」ジアース教育新社

| 事例7-2 | 小学校特別支援学級（自閉症・情緒障がい）に在籍する
落ち着きのないKさんと担任への支援

1 事例の概要

（1）相談に至った経緯

　保護者は、家庭や学校での行動の落ち着きのなさを心配され、豊田市こども発達センターの医師に相談したり言語療法士の先生から具体的な手立てを教えてもらったりして実践されていましたが、あまり効果が表れませんでした。家庭での困り感や学校での指導・支援について担任から依頼があり、アドバイザーが訪問相談することになりました。

（2）Kさんのプロフィール

　小学校の特別支援学級に在籍する2年生です。自閉スペクトラム症で療育手帳Cを所持している軽度知的障がいの児童です。

2 Kさんのアセスメントと担任へのサポート方針

　1年生の春休みに家でいたずらが目立ってきました。電動自転車のバッテリーを水につけて泡まみれにしたりティッシュペーパー5箱パックを風呂に沈めたりしました。また、階段に唾を吐き、叱られるとマジックで壁に落書きをしていました。

　2年生が始まり、教室の雰囲気にも慣れてきて周りの友達や教師の反応を楽しんでいます。連絡帳を記入する活動では、書けないひらがな文字があると連絡帳を塗りつぶしてしまいました。あえて過剰な反応をしないようにして担任は淡々とメッセージを伝えるようにしました。休み明けの学校では、朝から気持ちが高揚していて関係のないことをしゃべり続けています。他の児童から「うるさい」と言われても止まることはありませんでした。担任が「しずかに」と書いた紙を見せたり口をつまむ仕草をしてみたり、小声で話しかけたりいろいろ試してみますがうまくいきませんでした。気持ちが不安定なときは隣の教室に行ってクールダウンしてくることになっています。

　上記のようなKさんの様子を踏まえ、以下の方針で担任のサポートを進めることにしました。

・教室で少しの間でも座って学習できるようにする。

- マイナス行動を減らしてプラスの行動を強化していく。
- 危険な行動を起こさせないようにする。
- 外部の機関との連携をする。

3 担任へのサポート経過

(1) 第1回訪問相談（6月）
① 国語の様子

　Kさんは教室の外から窓側ガラスをなめていました。唾液が窓について汚れています。担任に迎えに来て欲しい様子です。担任は、しばらく見守っていましたが他の児童の指導に区切りをつけKさんを迎えに行きます。担任に促されて、Kさんは汚れた窓ガラスをティッシュペーパーで拭いて戻ってきました。担任と渋々プリント学習に取り組みます（**写真1**）。担任は振り回されて疲弊しているように見えました。

写真1　プリント学習の様子

アドバイザーからの助言
- 書ける文字だけを書かせて意欲をもたせたらどうか。
- 課題の難易度は上げない。できる活動を続けて意欲をもたせます。
- 活動の始まりと終わりを明確にします。指示は具体的でわかりやすい言葉で示します。
- 絵カードを使ったりソーシャルスキルの支援をしたりするとよいです。
- 時間がわかるなら担任が迎えに行く時間を告げたらどうでしょうか。担任は追いかけることで疲弊して疲れています。
- Kさんは真面目で一生懸命なので、自ら意欲をもって取り組むことができるような手立てをするとよいです。

　担任は、特別支援教育に精通したベテランの先生で子供のために一生懸命指導されている様子がうかがえました。訪問して相談することで担任自身の気持ちの切り替えになったようです。

(2) 第2回訪問相談（7月）
① Kさんの最近の様子（本人欠席のため，担任からの話）

　雨が降っている中で水遊びをし，授業の終わり3分前に戻って来て学習をすることがで

きました。国語の書写も5分程度できました。水遊びの後、担任にビニール袋を取っても
らい、濡れた靴と靴下を入れます。担任が対応してくれることを楽しみにしています。最
近、運搬用の台車に乗って遊ぶことを覚えました。廊下等で勢いよく遊んでいるので他の
子に怪我をさせる危険があるため台車をまとめて保管するようにしました。教卓や配膳用
のワゴンに上がって立ち、注目を浴びるような行動が目立ちました。また、校庭のはずれ
の小さな森に行くことが多くなりました。蜂が巣を作って飛び回っており、刺される危険
があるため森に入らないように見守りが必要な状況です。以前の教室の窓を外からなめる
ような行動は減りました。その代わり、教室で唾を吐くようになりました。唾を吐くと周
りの子が反応します。それが面白くて繰り返します。唾は担任がティッシュで覆い、後か
らKさんが拭くようにしています。一人で連絡帳が書けるようになりました。

> **アドバイザーからの助言**
>
> - 唾を吐く行動については、タオルやハンカチを持たせてKさんに拭くように促す。ま
>   た、洗い替えとして数枚学校に持たせてもらったらどうか。
> - 教卓を児童用の机の低いものに替えたらどうか。見守って無視するなど、あまり刺激
>   しないようにして欲しい。
> - 校庭のはずれにある森に入らないように、蜂に刺された画像を見せてとどまらせては
>   どうか。
> - スクールソーシャルワーカーとの面談があるときに薬の服用について、母親から聞
>   取りをしてもらう。
> - 担任との関わりの中で、かまって欲しい気持ちがうまく表せない現状や楽しみにして
>   いる活動があることがわかってきた。どれだけKさんと折り合いがつけられるのかが
>   課題となる。

(3) Kさんのケース会議の実施（7月）

　Kさんの学習や生活面での指導・支援について学校や家庭での困り感に寄り添うとともに
関係機関が集まり、現在の状況を把握し合い、今後の対応方針を考えることになりました。

① 参加者

　特別支援学級担任、特別支援教育コーディネーター、担当スクールソーシャルワーカ
ー、パルクとよた特別支援教育アドバイザー、相談支援事業所担当者2名、相談支援専門
員（障がいのある方やその家族が福祉サービスや支援を適切に利用できるように計画の作
成や相談を行う）

② 検討事項

- Kさんの心が満たされる支援の手立て
- 教室で学習を続けられるようになるための手立て

③ 検討内容

　担任からの学校の様子、スクールソーシャルワーカーからの保護者面談の報告などの現状報告を行い、参加者全員で主訴を確認しました。さらに、困っていることとうまくいっていることの整理し、支援内容の検討、支援方針の決定、特別支援教育コーディネーターの役割など今後の支援について検討しました（詳細は**表1**参照）。

表1　支援会議資料

	様子・実態	困ること	見えてきたこと
学校	・朝、ルーティンがある。質問攻め。シューズを汚す。袋に入れる。 ・授業が始まると外へ出る。運動場の水たまりで遊ぶ。 ・声をかけると逃げていく、戻ってくるとプリント1枚行う。 ・いつも決まった本（食べ物の写真）を見ている。 ・野菜（なす）の植木鉢を見ることが楽しみ。 ・交流授業を嫌がる。教科は決まっていない。 ・交流授業を見に行くと静かに座っている。担任が目に入ると叫ぶ。 ・学級運営補助指導員とままごとをして過ごすことができた。 ・給食の献立を一日何回もする。 ・給食を食べることが早い。 ・教室の前のトイレに行けない。図書館の前のトイレに大人と行く。 ・自分の写真を喜んで見ている。	・唾吐き ・授業中に教室の外に出ること。 ・学校内のもので遊ぶ。 （台車、ブロックなど） ・他の児童とのかかわり （特定の相手が嫌がることを言い続ける）	・人の反応を楽しんでいる。 　嫌がっていることが分からない。 ・唾が汚いということがわからない。 ・教室は落ち着ける場所がない。 ・1対1だと落ち着いている。
家庭	・父方の祖父母と同居 ・母親がいたずら対応、質問攻めに対応 ・強く叱るとやり返される。優しく叱るようにしている。 ・夕食後　祖父と遊ぶ。 ・1年生から1人で風呂に入る。 ・父親と寝る。土日は父と過ごす。（料理、公園） ・家庭菜園。水やり収穫など ・ユーチューブ、動画、ゲームは興味なし。 ・発達センターのドクターと担任が会うのは気が進まない。	・いたずらトイレのかぎをかけて出てくる。トイレのタンクの上に物を置く。削りかすをちらかす。 ・質問攻め ・唾吐き	・母親との関わりが少ない。
相談支援事業所	・平日、月に10日程度参加。今年度から土曜日に利用する。 ・集団活動外遊びに参加できている。順番が守れる。 ・自由時間は一人で過ごす。クッションの上でくつろいでいる。 ・宿題の音読は暗唱している。職員と本を読む。 ・その日その日で特定の子と過ごす。決まった友達はいない。 ・小グループ（3～4人に職員一人）だと大声は出さない。 ・シャボン玉が好き。 ・活動に見通しをもたせると落ち着く。 ・自身の動画を見て喜んでいる。	・興奮すると手を離すことがある。 ・遠くに一人で行こうとする。 ・座布団をかむ。マットを引きちぎる。 ・質問攻め ・人との距離は近い。	・一人で過ごすことが多い。 　職員が対応することで落ち着く。

今後の指導について（心の安定を図る手立て）	
Kさんの居場所づくり	クッション…Kさんよりも他の児童が楽しんでいる様子。Kさんも時々使用。 おもちゃの整備（ままごとセット、ブロック、粘土遊び）…ままごとセットがお気に入り。毎日遊んでいる。 本（食べ物の図鑑）
楽しみや見通しをもつ	ごほうび　がんばったことが見てわかるようにする。何日か頑張ったらシャボン玉ができる。…毎週金曜日にシャボン玉タイムを設ける。昇降口で学校運営補助員と一緒に座って行う。 野菜を育てる…ベビーリーフを植えて植木鉢をもってきた。毎日様子を見に行く。 給食の献立をひらがなで書く…国語の時間に行う。 良い行動の写真を撮り、アルバムを作る。
人とのかかわり	学級運営補助指導員は交流授業以外Kさんの対応をする。

(4) 第3回訪問相談（9月）

① 算数（数字カード・数唱）の様子

アドバイザーが授業を参観したところ、席に座っていてびっくりしました（**写真2**）。唾を吐いて運動場を動き回っていた以前の姿からは想像できませんでした。担任の指導がすばらしい。数字と数唱を声に出して読むことができました。担任が隣の児童の指導をしている時間、待つこともできていました。手本を見て四角の枠に数字を書くことができました。課題が終わるとままごとセットを持ってきて一人で遊んでいました。これもまたびっくりです。担任が「〜したいね」「〜しようね」などと優しく丁寧に対応されている。時間の終わりには、ままごとセットを一人で片付け、運動場の工事の様子を落ち着いて見ていました。

写真2　学習の様子

② 体育（ダンス発表の練習）の様子

2年生の交流学級と一緒に体育祭で発表するダンスの練習を参観しました。学級運営補助指導員が常時付いています。整列、挨拶、準備運動など、学級運営補助指導員に促されながら取り組めています。周りを見て同じ動きをしようとする行動が稀に見られました。

リズミカルな曲に合わせて前後に動いたり左右に動いたりする活動を行いました。一人では動けないので学級運営補助指導員に手を引っ張ってもらったり背中を押してもらったりして活動に取り組めました。しばらくの間踊っていましたが、一度もエスケープすることなく取り組むことができました。夏休みに関係者が集まって、ケース会議を開き、情報共有をして指導方針を話し合ったことが生かされています。夏休みのケース会議で相談支援事業所の担当者から「シャボン玉」が好きでよく遊んでいるという現状報告がありました。担任は意欲的な活動を引き出し見通しをもたせるために、週の終わりにシャボン玉活

動を取り入れました。このことによってKさんはいろいろなことに落ち着いて取り組める
ようになってきました。

アドバイザーからの助言

　活動内容やすべきことが明確に伝わると、主体的な活動が見られます。わかりやすい
言葉で丁寧に伝えることによって理解が促進されます。根気よく丁寧な対応をお願いし
ます。

(5) 第4回訪問相談（10月）

① 国語・算数の様子

　朝の会の進行役を担当していました。担任に司会の言葉を促されながらも役割をしっか
りこなそうと努力することができていました。離席や唾吐きなどの不適応行動はありませ
んでした。国語・算数についてはプリント学習に取り組んでいました。各教科のプリント
３枚ぐらいが限界で、その後は自分の好きな活動をしていました。１限の国語のプリント
学習が終わって、ままごとセットで遊ぼうとしていましたが、すでに他の児童がままごと
セットで遊んでいました。しばらく「ままごとセットで遊びたい」と声を出していました
が、「折り紙する」と言って、自ら折り合いをつけることができていました。折り紙を三
角に折り、のりをつけて重ね貼りをしていました。担任が丁寧に対応されていることもあ
り、担任に対する依存心が強く関係性は非常に良くなってきています。

アドバイザーからの助言

　担任からは、良くなってきたことについて以下の事柄があがりました。
- 国語と算数について決まった学習を行うことができるようになりました。
- 交流の授業に行って活動を楽しむことができるようになりました。
- 唾吐きは朝の登校時教室入り口と自分の机だけになりました。
- 学習が終わった後も自席で過ごすことができるようになりました。
- 給食当番・日めくり・日直の仕事も徐々にできるようになってきました。
　一方、以下の困ったこともうかがいました。
- 質問し続けることがある。
- 自分に注目して欲しい時に関係ができないときには大きな声で訴えます。
- いつも通りに予定が進んでいかないと泣いて訴えます。

　担任が毎朝の登校時（7：30〜）にKさんの対応をしているが、Kさんはこの時間で担
任と話をすることで情緒の安定が図られています。しかし担任の負担軽減を考え、他の先
生や管理職で対応することはできないか、アドバイザーから教務主任にお願いしました。

（6）第5回訪問相談（1月）

① Kさんの様子（担任から）

　最近になって大声を出すことがあります。何の前触れもなく出すので原因がわからないこともあります。隣の教室でクールダウンしてきます。パーテーションで仕切られた空間で授業を受けていて、落ち着いて取り組めています。

アドバイザーからの助言

　すべきことを視覚支援で見通しがもてるようにしてありますが、もう少し具体的な提示をしてあげるとわかりやすいと思われます。

- 運筆指導については、文字を書くことにこだわらず、まずは好きなキャラクターの塗り絵をしたらどうでしょうか。またプリントで、なぞり書きなど、きれいに書く練習を取り入れたらどうでしょう。文字練習では、はねやはらい以外ではしっかり止める意識をもたせることで、筆圧が高くなり、また形を意識することにつながることもあります。「止める」を意識させて書く練習に取り組んでほしい。
- 教室からの飛び出しについては、Kさんにとってわかって動ける楽しい授業になれば飛び出しは減ってくると思われます。視覚支援などが有効で、携帯できるホワイトボード等を使って持ち歩き、支援していくと効果があると思われます。

（7）第6回訪問相談（2月）

① Kさんの様子

　授業中に関係なく大声を出すことが多くなってきており、周りの子供に影響が出ています。周りに影響を及ぼすような大声のときは空き教室に移動し落ち着かせています。保護者からの依頼で交流学級での授業をしばらく中止しています。本人と相談したところ音楽が難しいとのことでした。音楽は中止、それ以外は本人の調子を見ながら参加を決定していくことで保護者の了解を得ました。

アドバイザーからの助言

- 交流学級に行くことによって本人が負担を感じているようならば行かなくてもよい。単元や学習内容によって参加するしないを選択することも必要です。
- また、同じ単元や学習内容でも交流学級全体でする活動と特別支援学級で個別にする活動と分けて行うことも考えてください。

4 事例考察

不適切な行動があるKさんに対する指導について、以下の点が良かったと考えられます。
(1) 教室で学習することを目標にする
「ごほうび（シールなど）」や興味関心のある活動を示し、頑張ったときには、楽しいことが待っているというような、期待がもてる仕組みが意欲を高めることになりました。
(2) マイナス行動を減らしてプラス行動を増やす
正しい行動が発現したら大いに褒め、児童の行動に対して禁止用語は使用せず、肯定的に受け止めたことが良かったと考えられます。マイナス行動があっても少しでもプラス行動があれば褒めることを忘れないことが大切であると思います。唾吐き行動が見られましたが、唾を吐く行動に対してマイナスのイメージがもてるイラストを示して伝えました。
(3) 外部とのつながり
保護者とスクールソーシャルワーカーをつなげました。また、豊田市こども発達センターの診察に担任が付き添って、様子を見学したり直接主治医の見解を聞いたりしたことが良かったと考えられます。
(4) 危険な行動は止める
校庭にある山に入ること、校舎内の高い所に乗ること、工事中の現場に近づかない等の危険な行動はイラストで説明したことで行動の改善につながりました。
(5) ケース会議を実施する
学校関係者、放課後等デイサービス、福祉関係者等の関わる全ての人が集い、情報を共有して今後の指導方針を決めたことで、共通理解に基づく一貫した指導ができるようになりました。また、それぞれの役割が明確になり個別の教育支援計画の目標を達成させることにつながりました。
(6) 突発的な行動が見られる児童に対する指導
教室を飛び出す、急に立ち歩く、奇声を上げるなどの突発的な行動が見られるときには、それを単に障がい特性ととらえるだけでなく、なぜそのような行動をとるのかを考えることが大切です。学習課題がその児童に合っていたか、時間の設定は適当であったのかなど指導の振り返りはもちろん、その日の体調や友達との関係、家庭での様子などの情報を集め、考察することで児童の行動理解ができ、より適切な指導支援につながります。

Kさんは、唾を吐いたり大声を発してしまったりといった不適切な行動があり、学習に対する意欲がもてませんでした。担任は、アドバイザーの訪問相談での助言やケース会議で確認したことを素直に受け入れ、辛抱強く実践してきたことで気になる行動はまだあるものの、Kさんの正しい行動が強化され、少しずつ落ち着いて学習に取り組めるようにな

ってきました。定期的な訪問相談で、担任が困っていることを共有し、その都度、指導の方向性を確認しながら進めてきたことで安心して指導することができるようになりました。Ｋさんの不適切な行動に振り回されながらも常に愛情を注ぎ優しく丁寧な指導と諦めない姿勢がＫさんの変容につながりました。

（榊原 暢広）

コラム29　応用行動分析ABA（Applied Behavior Analysis）

　特別支援教育では、行動面に着目した指導・支援が行われています。応用行動分析ABAというアプローチ方法があります。行動が起こるその前後の環境要因を調整して行動を改善するためのアプローチです。気になる行動はその行動が起こるための何かきっかけがあります。さらに行動が繰り返されてしまうのには、その行動を強化する本人にとってのプラスの結果が存在します。これらの行動を客観的に分析するための方法が、機能分析ABC分析と呼ばれます（図1）。まず、気になる行動など対象となる行動（Behavior：標的行動）を定めます。次に、その行動が起こるきっかけ（Antecedent:先行刺激）を探ります。そして、行動が起きた後のその行動に対する結果（Consequence:後続刺激）を明らかにします。これら行動が起こる前後に着目し、客観的に図式化することで、不適切な行動を望ましい行動に変えていくことが

図1　機能分析（ABC分析）

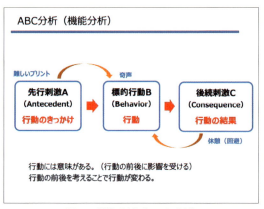

図2　行動の機能

可能となります。行動の意味は大きく「注目」「回避（拒否）」「要求」「感覚」の4つに分けられます（図2）。まず、子供にとっての行動の意味を考えてみることが大切です。例えば、「注目」の意味を持つ不適切な行動であれば、教師や保護者が子供の「注目」を助長する結果（例えば、言葉がけなど）を与えていないかを考えることが重要です。行動を

改善するためには、まず行動の意味を考え、その行動のきっかけとなる刺激の検討が教育的な視点から重要です。つまり子供本人にとってふさわしい教育的支援をすることで、不適切な行動自体が減少します。そして、望ましい行動が生じた場合には、行動の結果として、本人にとってプラスとなる評価（例えば、褒めるなど）をすることで、良い行動へと改善することができます。不適切な行動につながる刺激があって不適切な行動となり、それが強化されている悪循環を断ち切ることが重要です。

また、特別支援教育における教育的支援で役立つ視点として「課題分析」があげられます（**図3**）。個別の指導計画で指導目標などを検討する際に、子供が何につまずいているのかを明確化するために、一つの活動や課題をスモールステップに細分化するのが課題分析です。どこができないのか、何ができないのかを明確にして、具体的な教育的支援方法を考えることができます。例えば、「パンツをはく」のが苦手な

```
課題分析

パンツをはく
①パンツを持ち座る
②前面を上に広げる ← 前後を間違えるならここにアプローチ
③ウエスト部分を持つ
④両方の足を穴に通す
⑤立ち上がる
⑥パンツを尻まで上げる
⑦腰まできちんとあげる

＊つまずき（課題）をはっきりさせることで、効果的な支援が
　工夫できる。
```

図3　課題分析

子供への支援で、教員や保護者が手伝ってしまって、なかなか一人でできないケースが考えられます。子供が一人でできることまで手伝ってしまっていることが少なくありません。その場合は、ぜひその活動の動作やステップを子供目線で細分化してみましょう。一人でできることと一人できないこと、また支援があればできることを明確にします。それによって一人でできない点について、どのような支援が有効かを考えて指導をすることができます。これによって教育目標が明確になり、個別の指導計画の記載がより具体的になるので、ぜひ実践してみてください。

（大山　卓）

参考文献・引用文献

井上雅彦（監修）三田地真実・岡村章司（著）（2009）「子育てに活かすABAハンドブック」日本文化科学社

事例7-3 小学校特別支援学級（自閉症・情緒障がい）に在籍するLさんへの自立活動の支援

1 事例の概要

(1) 相談に至った経緯

新しく担任となった小学校の先生から「心理的な安定」、「人間関係の形成」をねらった自立活動の指導方法についての相談依頼を受け、アドバイザーが月1回程度継続的な訪問相談を実施することになりました。

(2) Lさんのプロフィール

- 小学校特別支援学級（自閉症・情緒障がい）に在籍する4年生のLさん
- 知的障がいのある自閉スペクトラム症で、遠城寺式乳幼児分析的発達検査で発達指数 DQ 67（移動運動指数66、発語指数59）
- 様々な教材に興味をもっていて、授業中でも思い立ったらロッカーにある物を持ち出して触れるなど衝動性、多動性が見られます。
- 友達との関わりはあまり見られず、教師との関わりを求めている場面が見られます。

2 Lさんのアセスメントと担任へのサポート方針

学校を訪問し、Lさんの行動観察と担任からお話をうかがいました。

Lさんは、人にちょっかいをかけて気を引いたり、わざと嫌がることをやって反応を楽しんだりすることがあります。自己肯定感が低く、初めてのこと、できそうにないことがあると大きく抵抗することがあります。順序立てて説明したり、見本を見せたりすることで見通しがもてると笑顔が見られます。

これらを踏まえ、知的発達の実態と自閉スペクトラム症の特性を踏まえ、構造化による環境調整の視点から担任へのサポートを進めていくことにしました。

3 担任へのサポート経過

(1) 構造化による環境調整

　授業へのアドバイスとして主に構造化（場所、時間、内容、言葉）に視点*をおいて伝えました。

> *構造化の視点
> 場所：学習する場所、休憩の場所などを決めて安心して学習できる環境を整える。
> 時間：事前に授業の「始め」と「終わり」を伝えて、タイムスケジュールを明確にして、見通しを持てるようにする。
> 内容：「絵カード」や「映像」を活用して、目で見てわかりやすい指導を進める。
> 言葉：指示することは、複雑にならないように一つの指示が完了してから次の指示を伝えるようにする。

　この構造化の視点を踏まえ、Lさんの実態に合った教材や学習課題を提示することで、授業に主体的に参加できる機会を増やすことが期待できます。さらにLさんに発言の機会を設け、発表に対して、承認・称賛を心がけることで授業に対する意欲を高めることができます。Lさんの目に入る情報をなるべく少なくして、授業に集中しやすい環境を整える上で主に次の4点を伝えました。

- 座席の位置を前列にする。
- 必要な教室掲示等を最小限にする。
- 指示や説明は、わかりやすくするために必要なことのみを伝える。（**写真1**）
- 席にパーテーションを用意する。（**写真2**）

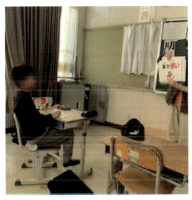
写真1　座席と掲示

写真2　パーテーション

(2) Lさんとの信頼関係の構築

　安心安全を優先した指導支援を継続し、Lさんとの信頼関係の構築を図ることを伝えました。具体的には、授業中のLさんの発言や行動等に対して認める、褒める等の姿勢を心がけることで、Lさん自身の自信につながるようにします。

(3) 自立活動へのアドバイス

　自立活動の6区分27項目を踏まえて指導内容の「心理的な安定」「人間関係の形成」について、具体的な指導の振り返りを担任と共有しました。実際の自立活動の指導内容例は以下の通りです。

① 心理的な安定

「情緒の安定に関する学習」

　主な学習活動の途中に好きな活動（紙工作、タブレット操作、水を使った活動等）（写真3）をご褒美として取り入れることで気持ちがリラックスし、次の学習課題に意欲的に取り組めることを目標とした学習内容です。

② 人間関係の形成

「他者とのかかわりの基礎に関する学習」

　友達と一緒にスキルカルタとりゲーム（写真4）を行うことで、ゲーム感覚で楽しみながら友達への関心をもったり、生活ルールを知ったりすることで社会性を高めることを目標とした学習内容です。

「自己の理解と行動の調整に関する学習」

　本時のスケジュールや予定項目を活動の始めに伝えることで、見通しをもって主体的に行動できることを目標とした手立てです。

「集団への参加の基礎に関する学習」

　日頃から仲の良い友達と一緒に活動する機会を作ることでスムーズな集団での参加ができることを目標とした手立てです。

写真3　好きな活動（紙工作）

写真4　スキルカルタ
出典：「五色ソーシャルスキルかるた」
　　　東京教育技術研究所より引用

4 事例考察

　アドバイザーの月1回の訪問相談では、Lさんの過ごしやすい環境の整備（必要のない情報はできるだけ減らし、課題に集中しやすい環境を作る）、Lさんが社会参加するためのスキル（集団生活に必要なマナーやルール）を身に付けるための支援、構造化（場所、時間、内容、言葉）を取り入れた学習内容や支援方法の工夫を伝えました。さらには、できることや成功体験を増やし、自己肯定感を高める活動となるような支援を心がけました。毎回、担任より質問があり、日々課題意識をもって計画的に指導を進めている姿勢が見られました。

　Lさんの様子については、年度当初は、周りの児童の気を引く言葉がけや自分の好きなこと（紙工作など）を行う場面が見られました。できたら称賛し、ご褒美タイムとして紙工作やタブレット操作をする活動を取り入れることで、授業中に離席する機会が減り、授業中の主体的に発言や発表をする場面が増え、意欲的に参加する姿勢が見られるようになってきました。さらに構造化（場所、時間、内容、言葉）の視点からの環境調整を進めたことで、授業への見通しをもち、落ち着いて学習に取り組めるようになってきました。

　今後は、現在の指導の継続とともに「指導の組み立て」「指示・発問の仕方」「個別での関わり」「教材教具の工夫」にも視点をおいて授業を組み立てることを引き続きサポートしたいと考えています。

担任からのコメント

　まずできそうなことから取り組んでいくことで、離席する機会が減り、授業での発言や行動において主体的な場面が見られるようになってきています。時々、人にちょっかいをかけるなどマナーやルールなどで課題が見られますが、スキルカルタなどを使いながら行動の改善を進めています。

（松川 博茂）

参考文献・引用文献

東京教育技術研究所「五色ソーシャルスキルかるた」

> コラム
> **30**

注意欠陥多動性障害の理解と支援

❶ 注意欠陥多動性障害の定義

　年齢あるいは発達に不釣り合いな注意力又は衝動性・多動性を特徴とする障害で、社会的な活動や学校生活を営む上で、著しい困難を示す状態です。忘れ物や聞き忘れなどがある「不注意さ」や席を立ったり、おしゃべりが止まらない「多動性」、カッとしてしまう「衝動性」などの特徴があげられます。子供たちは、目に見える身体的な障害等がないため、本人はとても困っているのに、周囲の人からは理解されにくいという面があります。「先の見通しがもてない状況」や「普段の生活と異なる状況」などに大きな不安を感じ、環境の変化に順応することがとても苦手な子供たちがいます。また「静かにしておくべき時にじっとしていられない」、「騒がしい場所では落ち着きがない」、「ささいなことに興奮してしまう」、「小さな音に過敏に反応してしまう」といった困難さがある子供もいます。困難さを理解し、その特性に応じたかかわりを工夫することが大切です。

❷ 子供への配慮

（1）コミュニケーション面における配慮

　話すときは、子供の顔を見て短い言葉や文章でわかりやすく具体的に伝えます。はじめにいくつ話すのか知らせておくと、子供は、聞く見通しがもてます。子供の話を聞くときは、途中で話を遮らず最後まで聞くようにします。焦らずにじっくりと一つ一つ内容を子供と確認しながら聞くようにするとよいです。

（2）行動面における配慮

　感情のコントロールが難しい子供や過敏さがある子供は、慣れない場所や騒々しい場所では、さらに落ち着きのなさや不安傾向が強くなる可能性があります。まず気持ちを落ち着けることができる物や場所、活動を探してみます。興奮している状態の時には、不安な気持ちを受け止め、落ち着くための方法を伝えるようにします。

（3）学習活動等における配慮

　先の見通しがもてないと不安になる子供、集中を持続することが苦手な子供は、学習活動等への参加が以前よりも難しくなることがあります。事前に学習活動の予定を示すなどの支援が有効です。

（4）心理面における配慮

　初めての場面や不慮の出来事、失敗経験などで頭に描いた通りにことが運ばない状況になると情緒が不安定になり、適応の困難さが顕著に現れます。特性を理解し次の3点を配慮します。

①不安定な状態の子供の気持ちや感情をしっかりと受け止め、落ち着ける手立てを講じること
②困ったときの対処の仕方を丁寧に教えること
③認められる経験を増やし安心感を得られるようにして、信頼関係を構築していくこと

(松川 博茂)

参考文献・引用文献

文部科学省（2022）「障害のある子供の教育支援の手引～子供たち一人一人の教育的ニーズを踏まえた学びの充実に向けて～」ジアース教育新社
高橋あつ子（2004）「LD、ADHDなどの子供への場面サポートガイド」ほんの森出版

コラム31　TEACCHプログラム、構造化

　TEACCHプログラムは、Treatment and Education of Autistic and Related Communication Handicapped CHildrenの略語でアメリカのノースカロライナ州発祥の自閉症ASDの当事者と家族のための生涯支援プログラムです。自閉症の人の文化（感じ方など）を尊重した支援の視点が特徴で、構造化（物理的構造化、視覚的構造化、ワークシステム）などの環境設定を含めた療育プログラムとなっています。現在日本の自閉症教育における視覚支援や構造化などは、このTEACCHプログラムの方法がベースとなって、広く浸透しています。

　構造化は、生活や環境をわかりやすくすることで、自閉症の子供の主体性や一人でできることを増やすことを目的とした環境設定などの支援を示します。大きく、①物理的構造

図1　3つの構造化

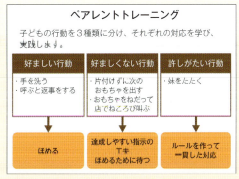

図2　ペアレントトレーニング

化（部屋は場所などの空間が何をする場所かを示す）、②時間の構造化（いつ何をするかのスケジュールを示す）、③視覚的構造化（課題の構造化とも言われ、個々の手続きを区切ってやるべきことを明確する）、の3点があげられます（**図1**）。他にも、先に紹介した応用行動分析ABAやペアレントトレーニング（**図2**）、PECS（Picture Exchange Communication System：絵カード交換式コミュニケーションシステム）（**図3**）などもこのTEACCHプログラムの理論がベースになっています。

図3 PECS絵カード交換式コミュニケーションシステム

(大山　卓)

参考文献・引用文献

佐々木正美（監修）(2001)「親と教師のための自閉症の人が見ている世界DVD—自閉症の人を正しく理解する—」朝日新聞厚生文化事業団

上林靖子（監修）北道子・河内美恵・藤井和子（編集）(2009)「こうすればうまくいく発達障害のペアレントトレーニング実践マニュアル」中央法規

8 | 学習障害の子供の理解と支援

事例8-1 通常の学級に在籍する読み書きの苦手なMさんと中学校への支援

1 事例の概要

(1) 相談に至った経緯

　定期的に月1回訪問相談をしている小学校から依頼があり、相談室で過ごすMさんの様子を見ていくことになりました。

(2) Mさんのプロフィール

- Mさんは、小学校通常の学級に在籍する6年生です。3年生から登校しぶりが始まり、4年生からは、10時30分頃に登校、相談室で本を読み、タブレットで学習し、給食を食べて下校するという毎日を過ごしています。
- 朝起きられず、「起立性調節障がい」と総合病院で診断され、薬を飲んで登校を続けています。
- 学校は、友達とのトラブルが不登校の原因ではないかと考えています。
- 保護者は、学習の8割程度しか理解できていないことと情報処理ができないのではないかと心配しています。
- 相談室では、図書室で本を借りて静かに読んでいます。
- 相談室の様子を見ているとMさんに何か問題があるように感じとれないし、学習に対して意欲があるのではないかと何となくアンバランスさが見られました。

2 Mさんのアセスメントと担任へのサポート方針

(1) Mさんの様子

　5年生の7月に小学校の廊下でアドバイザーがMさんとすれ違った時「すごい本を読んでるねぇ」「難しい本なのによくわかるねぇ」「本、好き？」と聞くと「一人で静かに読める」と笑顔で答えてくれました。訪問相談が終わって帰ろうとすると、わざわざ玄関まで出てきて「さようなら」と手を振ってくれたのです。その姿を見て直感的にMさんの

心の中は、とても寂しいのではないか？　認めて欲しい気持ちがあるように感じました。それ以降、何度か相談室でMさんと話すようになり、タブレットで学習していて計算問題に苦労していたことがわかりました。その時、「漢字書ける？」と聞くと、「花という漢字が書けないんです」「くさかんむりはわかるがへんとつくりが思い出せない」花の字を書くと草かんむりの下の「イ」「ヒ」が思い出せなくて書けないと、初めてMさんの口から話してくれました。

(2) 医療機関との連携（心理検査の実施）

　早速、アドバイザーから保護者にMさんが漢字を書けないことをお伝えし、豊田市こども発達センターにつなぎ、心理検査を受けることになりました。その結果、次の様子がわかりました。

- 漢字は、書くことはできないが、考えることは年齢相当です。
- 漢字が書けないので、学年相応の漢字で読めない漢字もあります。
- 図形や記号は読み取りにくいです。見て覚えることも苦手です。
- 記号の模写や細部を見分ける作業課題は、間違えることがあります。
- 抽象的な情報を記憶することも苦手です。
- 聞いたことをすぐに忘れやすいです。
- 知的には問題はないです。

(3) 担任へのサポート方針

　上記検査からわかったことを踏まえ、アドバイザーがタブレットを使用した学習支援について、Mさんと担任へのサポートを行うことになりました。

3　担任へのサポート経過

(1) アドバイザーからの助言とMさんの変容

　書くことの困難性が高いので、タブレットを使って書くことができるようにすることを目的として、以下のことを担任にお伝えしました。

- 文字を読み上げてくれる機能、音声変換の機能のある「マルチメディアデイジー教科書」（**写真1**）を使用する。また、調べたり読み上げたりする機能のあるGoogleレンズ*アプリなどを使って、タブレットでMさんが使いやすいアプリに挑戦する。

146

- タブレットを活用して、漢字を正しく読み書きする方法に慣れる。
また、「一日の振り返り」をタブレットを使って発表できるようにタブレットのデータ資料をMさんに配付し、タブレットに打ち込んで担任に提出する方法を提案しました。

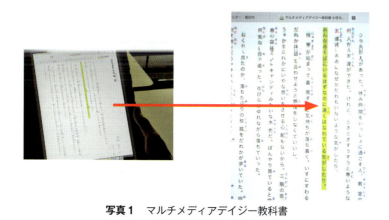

写真1　マルチメディアデイジー教科書

＊Googleレンズ
　AIを活用して画像認識ができるGoogleのアプリ。スマートフォンやタブレットのカメラレンズを通して写した画像やテキストから、情報を検索することができる。

　早速Mさんは、自分の思いを打ち込み提出しました。それが流暢で、豊かな表現力の文章で驚きました。精神的に楽になったMさんは、少しずつ担任と話せるようになり、6年生から教室に登校できるようになりました。登校には、保護者の見守りと協力があったのでスムーズに教室で過ごすことができるようになったのです。
　中学校への進級に伴い、Mさんへの小学校で実施してきた合理的配慮については、引き継ぎをお願いし、テストについては、これからどのような形で受けるのか、Mさんと話し合いをして決めることになりました。

(2) 中学校の通級指導教室での様子と支援方針

　中学校に入学し、前向きなスタートを切ることができ、委員長に立候補するほど希望をもち、何かにチャレンジする余裕がありました。中学校入学後には通級による指導を受けることになりました。通級指導教室では、しっかりとした口調で話すことができ、自信をもっていますが、書くことへの苦手意識はあるようでした。点つなぎの「図形」活動を行う際にも、筆圧は、弱く、正しく書くことはできるもののとても時間がかかりました。読むことは上手で、会話文などの入った問題文を読んでも抑揚をつけて読むことができます。
　通級指導教室では、次の3つの目標を立て、アドバイザーが担任へのサポートを進めました。

> ①自信をもって、前向きな生活ができるように
> ②視空間認知力を高めるために
> ③書く力を高めるために

以下、それぞれのアドバイザーによる担任へのサポートの経過です。

① 自信をもって、前向きな気持ちで生活できるように

（4月）通級ノート（写真2）は、担任にも普段の様子を具体的に書いています。

（5月）自分の長所に気付き、自信をもって生活できるようにと考え、「子どものためのポジティブ心理学」のプログラムを行いました。「24の強み」（写真3）では「感謝する心」に〇をつけることはできましたが、1つだけでした。授業の中でも、自信をつけさせるためにできたことや成長していることなど自覚できるようにすることを伝えました。

（3月）5月に行った子どものためのポジティブ心理学「24の強み」を行うと、自分から「11」の強みに〇印をつけることができました。自信をもつことができるように変わってきたことがよくわかります。

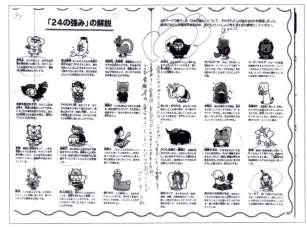

写真2　通級ノート　　　　　写真3　24の強み
出典：「子どものためのポジティブ心理学」合同出版より引用

② 視空間認知力を高めるために

（4月）「ビジョントレーニング」「きくきくドリル」等を使って、書くことに対しての困難さの原因を探りながらトレーニングを行いました。トレーニングの意図をその都度Mさんに伝えることにしました。「〜の力を高めるものです。〜力高いです。自信もって」逆に苦労している時は、「〜力を高めるものです。〜するときに必要です。トレーニングして高めていきます。」と伝え、その成果が分かるようモチベーションが下がらないよう工夫しました。ワークシートは、家でも取り組めるよう家庭にも渡しました。

（5月）ビジョントレーニング「形のかけら」（写真4）、ビジョントレーニング「形と順

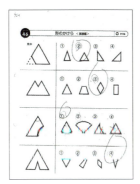
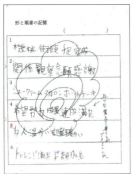
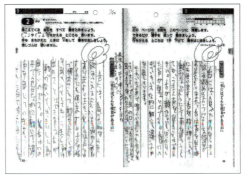

写真4　形のかけら
出典：「発達の気になる子の学習・運動が楽しくなるビジョントレーニング」ナツメ社より引用

写真5　形と順番の記憶
出典：「発達の気になる子の学習・運動が楽しくなるビジョントレーニング」ナツメ社より引用

写真6　お話を書きとめよう
出典：「きくきくドリルSTEP3」文英堂より引用

番の記憶」（**写真5**）を行うと体を動かしイライラし始めました。視空間認知や目と手の協応機能が困難さを高めてしまい、情報処理の遅さにつながっているようです。

（11月）きくきくドリル「お話を書きとめよう」（**写真6**）は、集中力や根気を育てるドリルです。下書きでは、耳からの情報のみですが漢字を使いながら正しく書くことができます。清書は、同じ文を視写し、スピードも速く、正しく行いエネルギーを使い切り、終了後は、「疲れたぁ」と叫んだのです。

（12月）跳躍性視力、処理能力を高めるためにきくきくドリル「君がFAXになろう」（**写真7**）に取り組みました。2つの情報を聞いてマス目を塗っていくものです。「繰り返すことがトレーニングになるよ」という言葉がけにMさんは、一生懸命に繰り返して取り組めました。初めは、CDを止めながら、ゆっくり取り組んでいましたが、慣れてくると最後までマス目を塗ることができました。

③ 書く力を高めるために

（4月）「英単語は字が決まっているから覚えやすい」とMさんが言うように漢字への苦手意識がとても強い様子でした。

（5月）漢字を覚える方法を2つ提案しました。「穴抜き漢字」「呪文を唱えて覚える漢字（覚えるカード）」です。まず、最初は小3の漢字から呪文を唱える方法で覚えたのです。合わせて視空間認知力を高めるために「コグトレ」（**写真8**）を行い、自信をもたせながら漢字覚えを進めました。

（6月）点つなぎで「位」の漢字ができたとき、とても嬉しそうに笑って漢字が書けたことをとても喜んでいました。

（7月）筆圧も強くなり、書くことも早くなってきました。書くことのハードルが下がってきたようです。「ワクワク」と書くと2種類のカタカナの形の区別がつきづらいようです。「立」では、縦の画が下に突きでてしまいます。自信をつけることを一番に考え、少

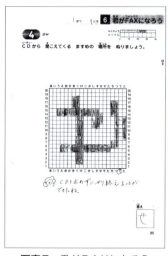

写真7　君がＦＡＸになろう
出典：「きくきくドリルSTEP3」文英堂より引用

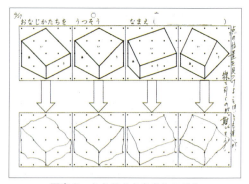

写真8　おなじかたちをうつそう
出典：「1日5分！　教室で使える漢字コグトレ　小学校3年生」東洋館出版より引用

しの間違いを指摘せず授業を進めてもらうようにしました。

　徐々に書く活動に戸惑うことなく取り組めるようになり「覚えるカードでなくても覚えられそう。もっとスピードを上げてもやれます」と伝えてくるほどになりました。

（8月）夏休み、書いて覚えるという勉強を繰り返したようで、さらに書くことに自信をつけた様子がうかがわれました。

（10月）ビジョントレーニング「形と順番の記憶」を図形だけでなく、漢字や片仮名を中心に取り組みました。小3・4の漢字は読み書きできるまでになり、さらに高学年の漢字もかなり読み書きできるまでになりました。板書を写すことへの抵抗もなくなり、書く意欲は高まってきました。

（11月）書くことがとても速くなったので板書をノートに写すことも、今は困っていません。タブレットで写真を撮る必要もなくなりました。さらに書くことに対して「どこかで覚醒したね」と伝えると「はい、社会や理科をやるのにすごく字を書いたから」と嬉しそうに答えることができました。自信も大きく育っていました。

（3月）Mさんは、漢字を書くことに大きな苦手意識をもっていました。「一年間で一番成長したのは漢字だと思います。前よりも、書ける漢字、読める漢字が多くなりました」と漢字をたくさん使い通級ノートに振り返ることもできるようになりました。5月に手が震えて何も書けなかったのが、漢字の穴あきプリントも正しくスムーズに書くことできるようになりました。

通級指導教室担当の先生から

　通級指導教室のトレーニングをきっかけに漢字が読めたり、書いたりすることができたと思われますが、そのことよりも、クラスや家庭で困りごとを共有でき、そこで力を高める活動（成功体験、書くことなど）を繰り返し、前向きに行えたことが大きな成長につながったと考えられます。幾度も幾度も苦手な漢字を覚える力は、周りの人からの応援があったからこそ挑戦でき、感謝の気持ちをもって取り組める姿は、頼もしく、誇らしく感じています。

4　事例考察

　読み書きに困り感を抱えているMさんに対して、小学校の担任が「Mさんの思いを知りたい」、「わかり合いたい」という思いを大切にしていました。言っている言葉は理解できていて、頭の中に考えが浮かんでいる、でも、それを言葉にして書き表すことができない。そのことが、とても辛いというMさんの思いを担任が気付き、Mさんの純粋な思いを汲み取られたことが精神的に救ったのではないかと思います。中学校でも担任や多くの先生方の支援を受け、皆と同じように学習し、テストも受けています。Mさんは、漢字が書けるようになってきて、自信をもって前向きに前進しています。今後も保護者、先生方に困ったことがあれば相談しながらさらに成長してほしいと願っています。

（高村　葉子）

参考文献・引用文献

足立啓美・岐部智恵子・鈴木水季・緩利誠（2017）「子どものためのポジティブ心理学―自分らしさを見つけやる気を引き出す51のワーク」合同出版
村上裕成（著）和田秀樹（監修）（2016）「きくきくドリルSTEP3」文英堂
宮口幸治著（2019）「1日5分！　教室で使える漢字コグトレ　小学校3年生」東洋館出版
北出勝也（2015）「発達の気になる子の学習・運動が楽しくなるビジョントレーニング」ナツメ社

コラム 32　合理的配慮の引き継ぎ

　小学校で受けていた合理的配慮を進学先の中学校でも途切れることなく継続することは、子供が安心して学校生活を送るために重要です。特に、「読むこと、書くことに困難がある」子供に対しては、スムーズな支援の引き継ぎが学習への意欲や自信につながります。そのため、以下のポイントを押さえて引き継ぎを行うことが大切です。

❶ 個別の教育支援計画（プロフィール）や個別の指導計画の活用

　小学校で作成した個別の教育支援計画や個別の指導計画を基に、子供の読み書きの状況や学習面での困難さについて説明します。特に、どのような配慮が有効であったかを具体的に伝えることで、中学校側も適切な支援を行いやすくなります。

❷ 学校生活での具体的な合理的配慮

　中学校での学習環境に合わせた支援を引き続き行うために、次のような合理的配慮を提案します。

- **テスト解答用紙の工夫**：解答欄のマス目を大きくし、見やすくする。
- **板書のサポート**：ノートへの書き写しが困難な場合、タブレットの写真機能を活用して板書を撮影できるようにする。
- **授業やテストの実施方法の調整**：保護者や本人と相談し、試験時間の延長や口頭での解答など、適切な方法を検討する。
- **通級指導教室の継続**：必要に応じて、中学校でも通級による指導を受けられるよう調整する。

---

❸ 保護者・本人との連携

　進学に伴う環境の変化は、子供にとって大きな負担となることがあります。そのため、保護者や本人の意向を尊重しながら、どのような支援が必要かを定期的に確認し、学校側と共有することが大切です。

　合理的配慮の引き継ぎは、単なる情報の伝達ではなく、子供の学びを支える継続的なプロセスです。小学校と中学校、保護者、本人が協力しながら、より良い学習環境を整えていきましょう。

（高村 葉子）

| 事例8-2 | 通常の学級に在籍する読み書きが苦手なＮさんと中学校への支援 |

1 事例の概要

（1）相談に至った経緯

中学校の特別支援教育コーディネーターから以下の連絡が入りました。

- 文字を書くこと、読むことが難しい生徒がいます。
- 中学校2年生なので進路指導をどう進めていけばよいか困っています。
- Ｎさん本人と保護者は、中学校3年生をどのように過ごし、進路選択をどうしたらよいか悩んでいます。学校は、どのような支援が必要なのか教えてほしいです。

これを踏まえて、アドバイザーが学校を訪問し、サポートすることになりました。

（2）Ｎさんのプロフィール

- 中学校通常の学級に在籍する2年生
- 医療機関の受診などはこれまでしていません。

2 Ｎさんのアセスメントと担任へのサポート方針

学校を訪問し、Ｎさんの様子を観察しました。また担任からも学校での様子をうかがいました。

書くことが難しく、漢字は困難性が高いです。英語のアルファベットは覚えることができないので、書くことができないです。Ｎさんは何度も書いて覚えようとしますが、覚えることが難しいです。特に英語は苦しい状況です。

これらの様子を踏まえ、Ｎさんのサポートとして、豊田市こども発達センターの言語聴覚士による面接相談を実施し、医療機関と学校との連携を進めることにしました。また、高校受験に向けて、通級指導教室担当の先生が中心となり、担任や教科担当の先生方へ情報共有することとしました。

3　担当者へのサポート経過

（1）担任への支援

　読み書きの状況を把握するため、STRAW-R（読み書きスクリーニング検査）を実施する方向でアドバイザーが医療機関と連携しました。通級指導教室の担当者がNさんの困り感を聞き取り、解決できる方法があるか面談を進め安心感をもたせるようにしました。以下の点をアドバイザーから担任へ伝えました。

> ・授業で板書する活動はやめ、タブレットのカメラで撮影することにする。プリント類は、PDFデータにしてタブレットの読み上げ機能を使って音声で聞けるようにする。
> ・テストについては、タブレットを使って、テストを受ける方法を試行錯誤する。

（2）通級指導教室担当の先生への支援

　担任からの情報を基に、通級指導教室担当の先生がNさんと個別面談し、具体的に「今困っていること」について聞き取りをしました。その結果、Nさんは「読むこと」に対する不安と困難が高かったため、「授業中の不安を取り除く」ことを第一目標に定め、具体的支援を行っていく、以下の方針を担任と共有しました。

> ・「読むことが遅くて苦手」「（特殊音節を含む）文字を見て音が想像できない」という主訴より、マルチメディアデイジー教科書を使用することにしました。
> ・Nさんの特徴と困り感について、他の先生方に周知し、「読むこと」により不利な状況が生じないような配慮を共有しました。Nさん・保護者同意のもと、学級にもNさんの困難さを伝え、級友にフォローをお願いしました。

　具体的には、以下のような支援を提案しました。「書くこと」にも困難さが認められたため、書字に対する支援も始めました（カッコ内は支援のねらい）。

> ・授業中における音読活動の事前伝達（不安と緊張の緩和のため）
> ・授業時のリーディングトラッカー（一行に集中して読めるように周囲を隠す定規）の使用（授業に集中できるように）
> ・必要に応じてタブレットの読み上げ機能を活用（内容を理解しやすくする）
> ・板書内容の精選（負担軽減のため）
> ・タブレットのカメラで板書内容の撮影を許可（負担軽減のため）

このように授業を中心とした支援体制を作りながら、Nさんの特性をさらに把握するようにしました。タブレットを主な支援ツールとして使用し、自己解決する力の育成につなげるよう意識的に移行しました。具体的には、以下の支援を行いました。

① 「読むこと」に対する支援

- その場での問題文の読み上げができるように、事前にタブレットへ問題文を録音しておく。
- Googleレンズを活用し、プリントを撮影しタブレットの読み上げ機能を使用して問題内容の把握を行う（**写真1・写真2**）。

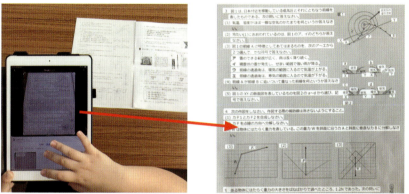

写真1　プリント撮影　　　　　　　　写真2　読み上げ機能

- 「『何を』『どの場面で』使ってよいか」については、事前に学年の先生で検討しNさんに相談する。具体的操作の紹介は、担任が個別に指導する。

② 「書くこと」に対する支援

- 授業で使用するワークシートは、紙媒体だけでなく可能な範囲でデータでも配信（本人支援及び教員の負担軽減）する。
- Good Notes（iPad用の手書きアプリ）を使って自力で書き込みをする（**写真3**）。
- 「プリントに書いてもデータに書き込んでもOK」とする。

写真3　Good Notesで書き込み

(3) Nさんの変容

　定期テスト前や行事の前後を目安に、担任と通級指導教室担当の先生が面談を繰り返

し、支援方法の実際やNさん本人の困り感を定期的に把握することにしました。3年生では修学旅行があり、「読むこと」の困難さから、「今まで行事で配布されるしおりは『読んだことがない』」ことがわかりました。そのころには、タブレットの読み上げ機能を自力で使えるようになってきていたため、「修学旅行のしおり」を、従来の紙媒体だけでなくデータでも配信しました。Nさんは、「いつもはよくわからなくて周りを見て動いていたけど、初めてしおりを読んで、いつ何をするのかわかった」と話せました。それがきっかけとなり、その後は、学級通信、学年通信についてもデータ配信をする支援体制を整えることができました。同時に、Nさんが抱える「読むことの難しさ」「目に見えない障がいや困難さ」について学校全体の教職員が理解する機会になりました。

4 受験の支援

(1) 学年末テストの個別支援（2年生）

Nさん本人の困り感と希望を優先して以下のように具体的支援を検討し、実施しました。

---

① テスト問題の拡大
テスト問題はA4版をA3版に拡大しました。なお、解答用紙については、本人の希望により拡大せずA4版をそのまま使用しました。

② リーディングトラッカーの使用
本人が普段から使用しているリーディングトラッカー（**写真4**）を使用可としました。見やすい色・形は具体的に担任が事前に紹介しました。

③ 総ルビ問題の使用
問題文全ての漢字にルビを振りました。

（Nさんの実施後の感想）
「（問題文の拡大により）見やすくなったけど、特に変化はない」

---

(2) 専門機関とのケース会議実施（3年生4月）

3年生に進級するにあたって、関係機関の担当者も交えてケース会議を実施しました。Nさんの実態や支援の方向性について、

- 「読むこと」にも「書くこと」にも支障がある。
- 字体が違う（明朝体とゴシック体など）と混乱する。

という特徴を関係者が共有しました。

(3) 定期テストの個別支援（3年生：写真4）

① 「読み上げ」支援の導入

授業時の単元テストや小テストで様々なスタイルを試行錯誤しました。

ア　教員による直接読み上げ

（Nさんの実施後の感想）

「速すぎると理解できない」「聞き直したい」「直接だと緊張する」

- テストでは採用せず、最終手段とすることにしました。

イ　タブレットに教員が問題文を録音し、本人が再生

- 教員の都合や授業進度、教科によっては教員の負担増になり、常時支援をすることができない状況が生じました。
- 支援の継続実施が困難なため、Nさんがタブレットの読み上げ機能を使用することにしました。

---

② タブレットの読み上げ機能を使用

Microsoft Word、Excelで作成した問題をPDF形式でタブレットに保存する。

- Microsoft Teamsに「個人専用テストチーム」を作成し問題を投稿する。
- テスト時に本人がタブレットを操作してファイルから問題を呼び出し、読み上げ機能を使用してテストに取り組む。
- 受験は机を2台使用し別室にて実施する。
- 音声はイヤホンを使用する。
- テスト取り組み時間は他の生徒と同じとする。
- ただし、読み上げ機能が上手く機能しなかった場合に限り、延長して対応する。その際も、必要があれば自分から申し出ることにする。

写真4　リーディングトラッカーを使った受験

③「見え方」支援

2年時から実施してきた以下の合理的配慮については継続支援することにしました。

> - 問題用紙をＡ４版→Ａ３版への拡大
> - 総ルビ問題の使用
> - 自作リーディングトラッカー（色付き）の使用
>
> さらに新規の支援として、
>
> - 游ゴシック体もしくはゴシック体を使用する。明朝体は避ける。
>
> 本人が一番見やすい字体を全体でも使用することを決定しました。
> （Nさんの実施後の感想）
> 「初めて最後まで問題が解けた！」「すごい！」「みんなここまでちゃんとやっているんだ」

３年生最初のテスト終了後、Ｎさんは「問題が解けた感動」を話せました。「今までは「できる！」と感じた問題でも、「時間が足りない」ために、得点につなげることができなかったが、読み上げ機能を活用することで、「できる問題は点数がとれる」「最後までやれれば点数が取れる」と初めてテストに対して手応えを感じた瞬間だったようです。学年・学校としても、可能な限りタブレットの読み上げ機能を活用して、テスト等に臨める環境を整えました。

高校入学後の課題

(1)「読み書き障がいとは何か」をまず理解してほしい

高校入学後にもアドバイザーがＮさんへの支援を継続しました。「読み書き障がい」について、Ｎさんは入学前にパソコンを使って自分なりに資料をまとめ、関係者に伝えました。しかし、まず「視力」のような「目の問題」と捉えられてしまいます。「どうしてこの支援ツールが必要なのか」を訴えても、「理解されていないから、（実際の困り感解消と）かみ合わない」「歯がゆい」と話していました。

(2) 希望する支援が使える環境が整うことを望む

入学試験、高校入学後の定期テストなど、テスト受験時にタブレットの利用（読み上げ機能の使用）は許可されませんでした。「カンニングをするから」「『できているからいいよね』と思われている」とＮさんは話していました。別室受験についても、人員などの物理的要因もあって「対応が難しい」と言われたようです。Ｎさんは、「（問題を解くため

に）やれる方法があるから使わせてほしい」と強く望んでいましたが、試験時に対応していただいている問題用紙の拡大、リーディングトラッカーの使用だけでは、中学校時に得られていた手応えは感じられませんでした。

（3）言わないと支援はない

進学時に中学校から高校へ支援の引き継ぎをしてもらいましたが、実際には「忘れられることがある」「常にどの教科もやってくれるわけではない」現実があります。「自分から訴えないと気付いてもらえない」こともNさんも実感しており、合理的配慮については、本人自らが積極的な支援を求めていく姿勢も大切です。

（4）中学校で、通級指導教室担当の先生や担任の支援が固まるまでの舞台裏の話

中学校では、全てルビがついている問題を使用していたので、データ配信するテストも同じ形式で行いました。しかし、（読み上げアプリでは）「ルビも読み上げるから『ワヤ』だった」と疲れた表情でNさんから訴えがあったのです。紙媒体はルビあり、データ配信はルビなしと使い分けが必要だとわかりました。国語のデータ配信をしたときは、縦書きの問題を横書き方向に読み上げられるトラブルもありました。OCR機能（手書き文字をデータ化する機能）を使用したときは、上手く読める時と読めない時がありました。読み上げの方向に合わせて紙媒体を正しい向きで置かなければならず、原因やコツがわかるまで教員も失敗と試行錯誤の連続でした。

6 事例考察

通級指導教室担当の先生と担任に支援を続けてきた中学校の取り組みと先生方の変容についてまとめました。中学校は教科担任制で学習が進んでおり、一人の生徒に対して担任以外のたくさんの教職員が関わって学校生活が営まれます。生徒の困り感を把握し、それに対して「どうやったら問題解決に近づけるのか」「どのような工夫が必要なのか」を、学年の先生を中心に検討し実践を繰り返すことができました。ただ、関わる人数が多ければ多いほど、共通した個への理解、情報や支援方法の共有が絶対条件になりました。支援方法を検討していくときに「それは難しい」「他の生徒の理解が求められない」「個人情報が…」という意見が出ることは少なくありませんでした。実際に「学校の壁」「共通理解の壁」が乗り越えられずに頓挫した支援もありました。

点を面に広げるべく学年の先生で支援を進めた結果、教科間で誤解のないように支援をするためには、Nさんの困り感や希望している支援方法を把握するという「個の理解」だ

けでなく、支援を実行するための「情報収集」「情報共有」「共通理解」が欠かせないことに気づきました。本人、保護者、担任をはじめとする一部の教職員が情報を把握するだけでなく、学年に所属する教職員、各教科担当、学校全体にも情報を広げることによって、より適した支援方法、支援体制を工夫することができました。教職員が学級の枠を超え、横のつながりを意識した「連携して連続した支援体制を構築する」ことを目指したことで、生徒自身が「生きる力」を手に入れ、あきらめることなく自分の夢に挑戦し続ける素地を作ることができたと考えられます。「たくさんの教職員を巻き込んで支援体制を作り上げる」「情報を共有することで、より多面的な視点で支援体制を整える知恵を出し合うことができる」「『夢を叶えたい』という生徒の思いを支える協力体制を作ることができる」教員集団に変化していったと感じています。Nさんが切り開いた支援の基礎は確実に学校に根付くことができました。

　中学校の読み書き障がいへの支援（合理的配慮）は、高等学校の受験があるため、短期間に決めなければいけません。支援する先生方も時間との戦いです。「読めない」「書けない」は、一人一人違い、オーダーメイドで取り組む必要があり、根気のいる長い支援になります。「わかりたい」という思いを汲み上げ、読み上げ機能を使って「わかった」という実感は、読み書き障がいの生徒にとっては、人生の大きな転機なのです。この「わかった」という実感が、高校や大学まで引き継ぐことを望んでいます。

（高村 葉子）

コラム33 学習障害の児童生徒の理解と支援

❶ 学習障害とは

　学習障害の定義は、「基本的には全般的な知的発達に遅れはないが、聞く、話す、読む、書く、計算する又は推論する能力のうち特定のものの習得と使用に著しい困難を示す様々な状態を指すものである。学習障害は、その原因として、中枢神経系に何らかの機能障害があると推定されるが、視覚障害、聴覚障害、知的障害、情緒障害などの障害や、環境的な要因が直接の原因となるものではない」です（文部科学省）。認知の特異性による特定分野の苦手さを抱えた子供たちで、全般的な知的発達の遅れがある知的障害や学習経験不足から生じる学習不振とは異なります。最近の学校では、「読み」の苦手さ、「書き」の苦手さ、「算数」の苦手さを抱えた子供が少なくありません。特に読み書きの苦手さについては、「発達性読み書き障害」や「発達性ディスレクシア」などとも呼ばれます。学習の苦手さは、不登校や登校しぶりなどの二次的な問題につながりやすいので早期に発見し支援することが重要です。

❷ 読み書き障害の子供のアセスメント

　学習障害の診断は医療機関で行われますが、学習障害は教育領域におけるテーマであるため知的発達や認知特性について教育センターや学校のスクールカウンセラーなどがアセスメントしているケースも少なくありません。

　コラム１でも取り上げましたが、読み書きの苦手さの背景には、①視覚認知力（文字を見分ける力、文字の構成がわかる力）、②音韻認識・操作力（文字と音の対応がわかる力）、③語彙力（まとまりで捉える力）、④自動化能力（文章がすらすら読める力）、⑤運筆力（手指操作力）があげられます。これらの背景の特性を調べるためには、WISC-Ⅴ知能検査とSTRAW-R（読み書きスクリーニング検査）を組み合わせて実施することが多いようです。この２つの検査から先ほどあげた認知特性を把握し、苦手な面を支援することが大切です。ひらがなや漢字が読めることは将来の生活に重要ですが、書字については現在パソコンなどが普及しており、ICT機器の活用も大切な視点です。

❸ 高校受験に向けて合理的配慮の提供

　【事例8-2】でも紹介しましたが、中学校で合理的配慮が継続的に実施されている生徒については、高校入試で合理的配慮の申請が可能となります。問題文にルビを振ったり、試験時間を延長するなどの措置が検討されます。ただし、これは最低でも中学校２年生ぐらいから学校での支援を受けている生徒が対象となります。高校入試も見据え、早期な対

応が必要となります。

(大山　卓)

参考文献・引用文献

大山卓（2023）「小学校低学年の発達性読み書き障害に関する一考察　－ひらがなの「読み」の心理アセスメントバッテリー」金城学院大学論集（人文科学編）19(2)

コラム34　マルチメディアデイジー教科書

　平成20年施行の「障害のある児童及び生徒のための教科用特定図書等の普及の促進等に関する法律」（通称：教科書バリアフリー法）と「著作権法第33条の2」の改正により、学習障害LD等の発達障害や弱視等の視覚障害、その他の障害のある児童・生徒のための「拡大教科書」や、デジタル化された「マルチメディアデイジー教科書」等が、製作できるようになりました。さらに、令和6年には「教科書バリアフリー法」が改正されました。これによってそれまで障害のある児童生徒のみが使用可能であった「マルチメディアデイジー教科書」を外国人児童生徒等（日本語指導が必要な外国籍・日本国籍の児童生徒）も使用することができるようになりました。

　「マルチメディアデイジー教科書」は、小・中学校で使用する教科書のデータをタブレットやパソコン上で操作・活用することができる教材です。音声による読み上げ機能や読んでいる箇所をハイライト化する機能があります。読むことに精一杯となってしまい、書いてある内容まで理解できない学習障害の子供にとっては有効な支援教材であると思います。

　発達障害や外国ルーツの子供たちは申請すれば利用できますので、管轄の教育委員会を通して「（公財）日本障害者リハビリテーション協会情報センター」にお尋ねください。

(大山　卓)

参考文献・引用文献

ENJOY DAISY（公益財団法人日本障害者リハビリテーション協会）HP　https://www.dinf.ne.jp/doc/daisy/book/daisytext.html （閲覧日：2024年12月17日）

第IV章

これからの
特別支援教育における
専門性向上と
サポートシステム

第Ⅲ章では、愛知県豊田市における特別支援教育アドバイザーによるサポート事例を紹介しました。障害種ごとの支援の実際を踏まえ、日頃担当されている子供たちへ、これからの支援の一助になったことと思います。しかし、このようなサポートシステムが整備されていない自治体であっても、様々な専門職や関係機関と連携して、子供や保護者への支援にあたることが大切です。この章では、経験の浅い特別支援学級担任の先生が多いことを前提に、特別支援教育コーディネーターの役割に着目して、特別支援教育の専門性向上のためのサポートシステムをご紹介します。

1　特別支援教育を担う教員の専門性
―特別支援学級担当教員に着目して―

　文部科学省「令和の日本型学校教育」では、特別支援教育について、次の考え方が示されています。

（1）基本的な考え方
　・特別支援教育の理解・認識の高まり、通級による指導を受ける児童生徒の増加等、インクルーシブ教育の理念を踏まえた特別支援教育をめぐる状況の変化
　・通常の学級、通級における指導、特別支援学級、特別支援学校といった連続性のある多様な学びの場の充実・整備推進
（2）障害のある子供の学びの場の整備・連携強化
　・小・中学校、高等学校における学びの場の充実
（3）特別支援教育を担う教師の専門性向上
　・全ての教師に求められる専門性、担当者に求められる専門性
（5）関係機関との連携強化による切れ目のない支援の充実
　・合理的配慮等の学校間の引継ぎ、個別の教育支援計画などの関係機関連携、医療的ケアの実施体制の構築

　この中でも、(3)「特別支援教育を担う教師の専門性向上」について、「全ての教師に求められる特別支援教育に関する専門性」「特別支援学級、通級による指導を担当する教

師に求められる特別支援教育に関する専門性」「特別支援学校の教師に求められる専門性」
の3点が示されています。まずは、全ての小・中学校教師が必要となる特別支援教育の理
解が欠かせません。そこでは特別支援教育の理念の理解と発達障害をはじめとする通常の
学級に在籍する支援が必要な子供の理解、合理的配慮など共生社会のための必要な視点が
示されています。

　次に、特別支援学級、通級による指導を担当する教師に求められる特別支援教育の専門
性として、

---

(1) 特別な教育課程の編成方法

(2) 個別の教育支援計画と個別の指導計画の作成方法

(3) 障害の特性等に応じた指導方法

(4) 自立活動を実践する力

(5) 障害のある児童生徒の保護者支援の方法

(6) 関係者間との連携の方法

(7) 各教科等での目標が異なる児童生徒を同時に指導する実践力

が示されています。特に（7）は、同じ学級の中に教育課程が異なる児童生徒が在籍する
特別支援学級の構造的な特徴が背景にあり、在籍する学年差や幅広い実態差のある児童生
徒を同時に指導する実践力であると考えられます。これは通常の学級とは異なる特別支援
学級担任に特徴的な専門性の一つであると言えます。

　特別支援教育の充実とインクルーシブ教育の推進に伴い、小・中学校の特別支援学級に
在籍する子供の障害の重度化・多様化が進み、指導の難しい子供が増加しています。ま
た、特別支援学級は、学年差や実態差の大きい小集団の学級をまとめる指導力が求められ
ます。特に、在籍する子供の数が多い場合の授業での課題設定や不適切な行動のある子供
への対応など、小集団をまとめる学級経営力が特別支援学級担任には必要となってきま
す。これら特別支援学級特有の学級構造を踏まえて、大山・金井（2025）は、小・中学
校特別支援学級担任の専門性について、①重度化・多様化する障害の理解力、②学年差・
実態差への指導力、③授業力、④教材作成力、⑤保護者対応力、を示しています。子供や
保護者の量的・質的変化に対応できる教育力が特別支援学級担任に求められています。こ
れは、特別支援学校の教員とも異なる専門性であり、この特別支援学級の特徴的な専門性
を踏まえた研修やサポート体制の構築が求められています。

小・中学校の特別支援教育コーディネーターによる担任サポート

　文部科学省（2017）は、特別支援学級担任の校内での役割について、「校内における担当する障害種に関する教育についての専門家としての役割」と位置付けていますが、特別支援学級担任へのサポートについてはほとんど言及されていません。しかし、教員としての資質や特別支援教育の専門性などの課題を抱える特別支援学級担任へのサポートは非常に重要であると考えられます。校内で特別支援学級が複数配置になることで担当者間での連携も増えてきていますが、依然として特別支援学級担任は校内で孤立しがちな存在であり、特別支援教育コーディネーターが担任に寄り添う情緒的なサポートの役割の重要性が指摘されています（大山・金井，2025）。小・中学校における特別支援教育の要は、特別支援教育コーディネーターです。第Ⅰ章でも述べたように、特別支援教育コーディネーターの役割の一つに「担任への支援」があげられます。特別支援教育コーディネーターによる特別支援学級担任や通級による指導担当者への支援は重要な役割となります。

　特別支援教育コーディネーターによる、特別支援学級担任や通級による指導担当者への支援としては、特別支援教育コーディネーターの特別支援教育の経験や専門性によって異なりますが、特別支援学級担任歴の長い教員であれば、直接的な支援体制を整えることが重要です。校内での特別支援教育コーディネーターへの役割として担任支援を明確化して、授業観察などを踏まえた担任へのコンサルテーションが容易に実施できるサポート体制の構築が望ましいと考えられます。一方で、特別支援教育経験の少ない特別支援教育コーディネーターの場合は、担任への直接的な指導方法の助言よりも、担任の指導力向上のために医療機関の支援調整や特別支援学校の相談の活用、校内の身近な教員による支援、スクールカウンセラーの支援などを調整する役割を担っていくことが考えられます。つまり、担任の専門性向上のためのサポートは、専門機関からの支援をコーディネートする役割が重要となります（大山・金井，2025）。保護者対応で特別支援教育コーディネーターが直接担任のフォローをすることは、担任を情緒的に支える重要なサポートにもつながります。指導で不安を抱く担任への指導方法についての直接的または間接的支援に加え、困り感を抱く担任を心理的に支える情緒的サポートも重要な視点であると考えられます。

　特別支援学級担任や通級による指導担当者は、積極的に校内の特別支援教育コーディネーターへ相談することと学校全体での特別支援教育コーディネーターによる担任へのサポートシステムの構築が重要であると考えられます。

3 校内専門職（スクールカウンセラー・スクールソーシャルワーカー）との連携協働

現在、スクールカウンセラー（以下、SCと表記）やスクールソーシャルワーカー（以下、SSWと表記）の学校での配置が進んでいます（**図1**）。

まず、SCは、公認心理師や臨床心理士などの心理に関する資格所持者で、自治体や学校によって日数は異なりますが、非常勤などとして配置されています。主な役割は、心の専門家です。不登校やいじめなどのテーマに関する、保護者や児童生徒への個別カウンセリングの役割が注目されがちですが、特別支援教育における役割も非常に重要です。例えば、小・中学校通常の学級で気になる子供について、授業場面を観察してもらって、発達的な視点から担任が助言を受けることも増えてきています。いわゆる「授業コンサルテーション」の役割です。自治体によって異なりますが、SCが本人や保護者の了解を得て、心理検査（WISC-Ⅴなど）を実施し、その結果を担任の授業に生かす試みも進んで行われています。SCは、心理の専門家ではありますが、悩みだけではなく、発達支援としても相談できる役割にあることを理解しておきましょう。

図1　SCとSSWの役割
出典：文部科学省「学校における教育相談に関する資料平成27年」より引用（一部修正）

一方、SSWは、最近特に期待やニーズが高まっている専門職です。社会福祉士や精神保健福祉士などの資格を所持する福祉の専門家です。まだ学校に配置されている自治体は少なく、多くは教育委員会や拠点学校に配置され、要請に応じて各学校への支援を行っています。まだ、支援の協力を受けたことがない教員にとっては、SCとの役割の違いのわかりにくさがありますが、SCが心や発達の問題に働きかけるのに対して、SSWの職務として、子供の置かれた環境に働きかける役割があげられます。SSWは、児童虐待や貧困などにおける支援の役割が注目されていますが、特別支援教育がテーマとなる子供について、放課後等デイサービスや移動支援・日中一時支援などの福祉サービスの利用などについて保護者と関係機関をつなぐ役割も担います。教員が支援しにくい家庭の問題にアプローチすることができます。

以上のように、特別支援学級担任や通級による指導担当者についても、校内専門職を積極的に利用することが大切です。また、特別支援教育コーディネータも、上記校内専門職の役割を把握して、担任支援で積極的な連携をしていきましょう。

4　外部専門機関による連携協働

　上記に加えて、特別支援教育において、学級担任が相談できる校外での関係機関や専門職を取り上げます。

　まずは、教育機関としては、市町村教育委員会などが運営する教育センターがあげられます。特別支援教育部門などを設置して、小・中学校の教員を対象としたコンサルテーション事業を実施している自治体もありますので、積極的に利用してみてください。指導主事など学校教員経験者や心理士などのスタッフが多いですが、先にご紹介した、愛知県豊田市における特別支援教育アドバイザーなど、特別支援教育に特化したサポートシステムを整えている自治体もあります。特に愛知県豊田市は、特別支援学校の管理職OBが担当しているので、障害の理解や直接的な指導・支援に関する担任の相談について継続的な助言が受けられ、OJT研修としてもその効果が期待できます。

　その他に、医療機関や福祉機関もあげられます。特別支援教育に関わる子供の中には定期的に医療機関を受診している場合が少なくありません。学校が医療的側面について相談したい場合は、保護者から医療機関に相談し、担任が保護者と一緒に主治医と話をしたり、各種訓練場面の参観をしたりすることが可能になります。また、訓練や検査に関わる専門職（心理士や言語聴覚士、作業療法士、理学療法士など）の話を保護者と一緒に聞くことができる場合があります。障害に関する医療的視点からの専門的な助言が期待できるので、学校での指導に役立てることができます。ただし、関係機関連携にあたっては、保護者の了解が前提となりますので注意してください。

　さらに福祉機関としては、放課後等デイサービスなどの福祉事業所との連携が可能です。最近はトライアングルプロジェクト（文部科学省）など、学校、保護者、福祉との連携の重要性が指摘されています。学校での支援と家庭での支援、福祉サービスでの支援の方向性を合わせていくことは非常に大切な視点です。福祉の利用で迷うことや困ったことがあれば、自治体の障害福祉に関する窓口で尋ねてみてはいかがでしょうか。また、保護者の了解を得て、担当されている子供が利用している福祉事業所との連携も可能です。学校とは違う生活場面での、子供の様子や支援の様子を知ることは、学校での支援に役立つことと思います。学校生活だけでなく地域生活も含めて、障害のある子供の支援を考えていきましょう。

　以上が主な外部機関ですが、これらの専門職との連携協働をするためには特別支援教育コーディネーターの役割が重要です。困っている担任がいれば、特別支援教育コーディネーターから外部機関や専門職との連携協働をコーディネートしていきましょう。

（大山　卓）

参考文献・引用文献

文部科学省HP「『令和の日本型学校教育』の構築を目指して」https://www.mext.go.jp/b_menu/shingi/chukyo/chukyo3/079/sonota/1412985_00002.htm（閲覧日：2024年12月17日）

文部科学省HP「学校における教育相談に関する資料　平成27年」https://www.mext.go.jp/b_menu/shingi/chousa/shotou/120/gijiroku/__icsFiles/afieldfile/2016/02/12/1366025_07_1.pdf（閲覧日：2024年12月17日）

大山卓　金井篤子（2025［印刷予定］）「経験の浅い特別支援教育コーディネーターによる小・中学校特別支援学級担任へのサポート―専門性向上と心理的困難を支える『コーディネーション型ハイブリッドサポート』―」学校心理学研究.24（2）

コラム35　障害者権利条約を踏まえた障害の医療モデル・社会モデル

2006年国連総会で「障害者権利条約」が採択され、日本は「障害者総合支援法」「障害者差別解消法」「障害者雇用促進法」などの国内法を整備し、2014年に同条約を批准しました。障害者権利条約は、障害者の社会参加と自立を目指した世界的な条約であり、この理念を踏まえ、日本の特別支援教育とインクルーシブ教育が進められています。それまでの障害

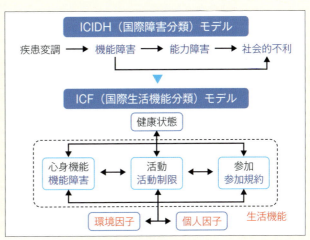

図2　国際生活機能分類ICF

者観は医療モデルと言われていました。ICIDH国際障害者分類では、疾患diseaseがあることで、機能不全impairmentとなり、それによって能力が限定される社会的不利handicapとなるという考え方で、機能不全を改善するための医療的措置や訓練に重点が置かれた「医療モデル」の考え方でした。一方、現在はICF国際生活機能分類に基づき、障害は生活機能と環境因子、個人因子に着目する方向に変わってきました（図2）。つまり、疾患自体ではなく、社会参加に支障があることが障害であって、環境を整えることで問題なく社会参加できれば、障害とは考えないという「社会モデル」に変わってきています。そのためには障害者に優しい環境設定と障害のある人が障害のない人と一緒に過ごすために必要な支援である「合理的配慮」の工夫という視点が重要です。学校における特別支援教育でもこの視点は重要であり、障害の有無に関わらず一緒に活動するためにはどのような配慮や環境設定が必要かを考えていきましょう。

（大山　卓）

コラム 36 障害のある子供が利用できる福祉サービス

小・中学校に通う障害のある子供たちが利用できる主な福祉サービスを紹介します（図3）。大きく児童福祉法によるサービスと障害者総合支援法によるサービスに分けられます。まず、児童福祉法に基づく障害のある子供へのサービスとしては、「放課後等デイサービス」があげられます。放課後等デイサービスは、「支援を必要とする障害のある子供に対して、学校や家庭とは異なる時間、空間、人、体験等を通じて、個々の子供の状況に応じた発達支援を行うことにより、子供の最善の利益の保障と健全な育成を図るもの（厚生労働省）」です。学校の授業の終了後又は休業日に、生活能力の向上のために必要な訓練、社会との交流の促進その他の便宜を供与する療育サービスとなります。学校に通う18歳までの就学児が対象です。ちなみに、6歳未満の未就学児は、「児童発達支援」という同様のサービスが利用できます。なお、児童福祉法では、18歳までを「児童」と表記します。学校における「児童」と若干異なるので注意しましょう。利用のための受給者証の申請が必要ですが、利用するためには必ずしも障害の手帳は必要となりません。医師の診断書などでも利用できる場合があります。学校がある時は放課後の利用となり、長期休業中も利用が可能なので、多くの障害のある子供が利用しています。

（児童福祉法によるサービス）
1　放課後等デイサービス（6歳から18歳まで）
2　児童発達支援（センター・事業所）（6歳まで）

（障害者総合支援法によるサービス）
1　移動支援（社会参加のための必要な移動の介助や介護）
2　日中一時支援（日中の一時的な子どもの預かり）
3　短期入所（ショートステイ）
　　（保護者の急な用事による、一定期間の子どもの預かり）

図3　障害のある子供の利用できる主な福祉サービス

次に、障害者総合支援法による主な福祉サービスを紹介します（図3）。まず、「移動支援」は、社会参加のための必要な移動の介助や介護を行うもので、例えば、障害のある子供が買い物に行く時に、福祉事業所のスタッフが同行・支援するサービスです。小学校高学年などの男児がプールを利用する時に、母親が着替えなど手伝えない場合があるため、福祉事業所のスタッフが着替えやプール活動まで一緒に行います。次に、「日中一時支援」は、泊を伴わない日中の一時的な子供の預かりサービスです。また、「短期入所（ショートステイ）」は、泊を伴う一定期間の子供の預かりサービスです。これらは、障害のある子供を持つ保護者のレスパイト（休息）を目的とした家族のための子育てサービスです。

なお、学校での「個別の教育支援計画・個別の指導計画」と同様に、福祉事業所でも「障害児支援利用計画案（もしくは、サービス等利用計画案）」を作成し、療育が進められています。学校での支援との連携が必要です。

（大山　卓）

参考文献・引用文献

厚生労働省 HP「障害者総合支援法が施行されました」 https://www.mhlw.go.jp/stf/seisakunitsuite/ bunya/hukushi_kaigo/shougaishahukushi/sougoushien/index.html（閲覧日：2024 年 12 月 17 日）

コラム 37

障害のある子供の進路・就労

障害のある子供の高等学校もしくは特別支援学校高等部卒業後の進路について取り上げます。まず、大きく一般就労と福祉就労、福祉サービスの利用、進学の大きく 4 つに分けることができます（**図4**）。

まず、一般就労は、障害者雇用枠での就労です。障害者雇用促進法で障害者の一定数の雇用が企業に義務付けられています。企業は障害者枠での採用をするなど、一定のサポートを受けながらの就労形態があり

高等学校、特別支援学校（高等部）卒業後の進路
1 一般就労 ・障害者雇用枠での就労（障害の手帳が必要） 　特例子会社 　（グループ企業や親会社全体での障害者雇用として算定） **2 福祉就労（訓練等給付）** ・就労移行支援事業所（就労のための訓練サービス） ・就労継続支援事業所（A型雇用型・B型非雇用型） **3 生活介護事業所（介護給付）** **4 進学（専門学校、大学、特別支援学校専攻科）**

図4　障害のある子供の進路・就労

ます。この場合は障害の手帳の所持が必要となります。さらに一般就労では、特例子会社も広がってきています。グループ企業が障害者雇用を進めるにあたり、グループ企業の中に特例子会社を設立して、そこで障害者雇用と支援スタッフの配置を進めることで、生産性の高い職務内容と手厚いサポートを実現しています。そこでの障害者数はグループ企業全体の雇用率として反映されるので、大企業を中心に広がっています。

次に、福祉就労です。一般就労が難しい障害者の方が、福祉的なサポートのもと働く場が提供される就労系障害福祉サービスです。障害者総合支援法の、訓練等給付によるサービスとなります。まず、「就労移行支援事業」があげられます。一般企業での就労に向けて一定期間のトレーニングや就労サポートを提供する施設です。次に「就労継続支援事業」です。一般就労は難しくても福祉就労や生産活動の機会を提供する施設です。福祉的な働く場として、いわゆるこれまで作業所と呼ばれてきた場にあたります。これには雇用契約を結び一定の賃金が保証される「A型（雇用型）」と雇用契約を結ばず、工賃が支給される「B型（非雇用型）」があります。

そして、「生活介護事業」です。これは介護給付に基づくサービスで、常に介護を必要とする人に、昼間に入浴、排せつ、食事の介護等を行うとともに、創作的活動又は生産活動の機会を提供する施設となります。就労の場を提供する就労継続支援事業所と異なり、

171

日常生活全般を支援するのが生活介護事業所になります。障害の重度化に伴い、重度障害の子供の進路先として利用者が増えてきています。

　これ以外に進学も考えられます。視覚障害や聴覚障害の子供たちは大学への進学率が上がっています。また、視覚障害の特別支援学校や聴覚障害の特別支援学校には専攻科が設置されていて、高等部卒業後もさらに職能を高めるための教育の場も用意されています。知的障害の特別支援学校で専攻科が設定されている学校はまだ少なく、国公立の学校では、全国で唯一、鳥取大学附属特別支援学校だけとなります。

　以上が高等学校や特別支援学校高等部卒業の進路先の概要です。小学校を担当する教員であっても、キャリア教育という視点から障害のある子供たちの将来の生活をイメージしながら、小学校での指導内容を検討する必要があります。ぜひ近くの福祉事業所や福祉サービスの概要を調べてみてください。

（大山　卓）

参考文献・引用文献

厚生労働省HP「障害者総合支援法が施行されました」https://www.mhlw.go.jp/stf/seisakunitsuite/bunya/hukushi_kaigo/shougaishahukushi/sougoushien/index.html（閲覧日：2024年12月17日）

厚生労働省HP「社会保障審議会障害者部会参考資料令和4年」https://www.mhlw.go.jp/content/12601000/000949807.pdf（閲覧日：2024年12月17日）

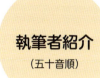

執筆者紹介
(五十音順)

大山 卓（おおやま たかし） 第Ⅰ章 第Ⅳ章 コラム
中部大学現代教育学部

木村 豊（きむら ゆたか） 第Ⅲ章 コラム
豊田市青少年相談センター特別支援教育アドバイザー（前愛知県立特別支援学校長）

榊原 暢広（さかきばら のぶひろ） 第Ⅲ章 コラム
豊田市青少年相談センター特別支援教育アドバイザー（前愛知県立特別支援学校教頭）

高村 葉子（たかむら ようこ） 第Ⅱ章 第Ⅲ章 コラム
豊田市青少年相談センター特別支援教育アドバイザー（前愛知県立特別支援学校長）

早野 正（はやの ただし） 第Ⅲ章 コラム
豊田市青少年相談センター特別支援教育アドバイザー（前愛知県立特別支援学校教頭）

松川 博茂（まつかわ ひろしげ） 第Ⅲ章 コラム
豊田市青少年相談センター特別支援教育アドバイザー（前愛知県立特別支援学校長）

山上 裕司（やまがみ ゆうじ） 第Ⅱ章
豊田市立東山小学校教頭（前豊田市青少年相談センター指導主事）

編著者略歴

大山 卓（おおやま　たかし）

中部大学現代教育学部現代教育学科教授

名古屋大学大学院教育発達科学研究科（後期課程）修了。心理学（博士）。愛知県立特別支援学校（知的障害）教員、愛知県豊田市青少年相談センター心理スーパーバイザー、大学教員を経て、令和6年9月より現職。臨床心理士、公認心理師、学校心理士スーパーバイザーとして、小児科・心療内科クリニック、スクールカウンセラー、電話カウンセリング等の心理臨床に携わる。専門分野は、特別支援教育（知的障害教育）、教育相談、臨床心理学。

高村 葉子（たかむら　ようこ）

愛知県豊田市青少年相談センター（パルクとよた）特別支援教育アドバイザー

中京大学体育学部体育学科卒業。愛知県立春日台養護学校、愛知県立安城養護学校を教諭として勤務。愛知県立大府養護学校を部主事として勤務し、発達障害の子供の教育に携わる。愛知県立三好特別支援学校で教頭、校長として勤務する。専門分野は、特別支援教育（知的障害）。

現在は、豊田市の特別支援教育アドバイザー、教育相談、読み書きの困難な子供への支援に携わる。

事例から学ぶ
小・中学校特別支援教育サポートブック

2025 年 3 月 24 日　　初版第 1 刷発行

編著者	大山　卓・高村　葉子
発行人	加藤　勝博
発行所	株式会社 ジアース教育新社
	〒101-0054 東京都千代田区神田錦町 1-23　宗保第 2 ビル
	TEL：03-5282-7183　FAX：03-5282-7892
	E-mail：info@kyoikushinsha.co.jp
	URL：https://www.kyoikushinsha.co.jp/
表紙	宇都宮　政一
本文 DTP	株式会社 Sun Fuerza
印刷・製本	シナノ印刷 株式会社

Printed in Japan
ISBN978-4-86371-716-9
定価は表紙に表示してあります。
乱丁・落丁はお取り替えいたします。（禁無断転載）